Kohlhammer

Brennpunkt Politik

Eine Übersicht aller lieferbaren und im Buchhandel angekündigten Bände der Reihe finden Sie unter:

https://shop.kohlhammer.de/brennpunkt-politik

Der Autor

Dr. Hannes Weber hat in Wirtschafts- und Sozialwissenschaften promoviert. Vor seinem Wechsel in die Privatwirtschaft (2019) hat er am Mannheimer Zentrum für Europäische Sozialforschung (MZES) geforscht.

Hannes Weber

Der demographische Wandel

Mythos – Illusion – Realität

2., aktualisierte Auflage

Verlag W. Kohlhammer

Umschlagabbildung: whyframeshot – stock.adobe.com

2., aktualisierte Auflage 2026

Gesamtherstellung: W. Kohlhammer GmbH, Heßbrühlstr. 69, 70565 Stuttgart
produktsicherheit@kohlhammer.de

Print:
ISBN 978-3-17-046910-5

E-Book-Formate:
pdf: ISBN 978-3-17-046911-2
epub: ISBN 978-3-17-046912-9

Inhalt

1 Einleitung: Aussterben vertagt

Überraschung: Deutschland schrumpft nicht. Lange galt es als unabwendbares Schicksal, dass die Bevölkerung in Deutschland im Laufe des 21. Jahrhunderts drastisch abnehmen werde. So sagten es seit mehreren Jahrzehnten die demographischen Prognosen des Statistischen Bundesamts und anderer Experten voraus. Noch 2009 prognostizierte das Statistische Bundesamt einen starken Rückgang der Bevölkerungszahl bis 2060 von 82 auf 65 bis 70 Millionen Einwohner – ein Verlust von zwölf bis 17 Millionen Menschen innerhalb nur eines halben Jahrhunderts.[1] Unzählige Male wurde im apokalyptischen Duktus das »Aussterben« der Deutschen, der »demographische Untergang« oder die »Entvölkerung« und »Verödung« weiter Teile des Landes vorhergesagt.

2024 jedoch lebten so viele Menschen in Deutschland wie nie zuvor. Und auch die Prognosen für die Zukunft wurden vom Statistischen Bundesamt ab 2017 drastisch nach oben korrigiert: Bis Mitte des Jahrhunderts werde die Bevölkerung in Deutschland demnach wahrscheinlich gar nicht oder nur minimal zurückgehen. Sie werde voraussichtlich weiterhin bei rund 80 Millionen liegen. Grund ist die nach 2011 stark gestiegene Zuwanderung, die die meisten Experten nicht vorhergesehen hatten. Die offiziellen Prognosen des Statistischen Bundesamts seit dem Jahr 2006 hatten bis 2050 mit jährlich lediglich 100 000, in der Variante mit »hoher« Zuwanderungsrate mit 200 000 Migranten pro Jahr gerechnet. Stattdessen kamen 2012 bis 2024 im Schnitt mehr als 500 000 Menschen pro Jahr ins Land: netto, also bereinigt um die Abwanderung. Außerdem kam es zwischen 2016 und 2021 zu einem Mini-Babyboom – die Geburtenzahl lag mehr als 10 % höher als etwa 2006 bis 2011. Dieses Hoch war aber nur von kurzer Dauer: Nach Ende der Corona-Pandemie sank die Zahl der Neugeborenen in Deutschland wieder, wie auch mittlerweile in den meisten anderen Länder der Welt.

Diese vermeintlich unerwarteten Trendwenden zeigen: Längerfristige Bevölkerungsprognosen sind mit großer Unsicherheit behaftet. Das liegt vor allem an den schwer vorherzusagenden zukünftigen Wanderungsbewegungen, weil diese von vielen Faktoren wie der wirtschaftlichen Entwicklung, der Migrationspolitik oder auch plötzlich eintretenden Krisen wie dem Ukrainekrieg ab 2022 abhängen. Doch selbst wenn man von einer Halbierung des jährlichen Nettozuzugs auf langfristig 300 000 Migranten ausgeht und mit weiterhin niedrigen Geburtenraten rechnet, wird damit der natürliche Bevölkerungsrückgang bis mindestens 2050 ausgeglichen (▶ Kap. 2).[2]

Das »Aussterben« ist also bis auf weiteres vertagt. Wenn keine unvorhersehbaren Ereignisse eintreten, werden auch in den kommenden Jahrzehnten zwischen Rhein und Oder wahrscheinlich noch in etwa so viele Menschen leben wie heute. Die öffentliche Diskussion hat sich dem recht schnell angepasst – vom Aussterben oder Entvölkern spricht heute kaum jemand mehr, stattdessen eher von Wohnungsnot, fehlenden KiTa-Plätzen und verfehlten Klimazielen. Diese Probleme haben natürlich auch ganz andere als »demographische« Gründe, waren aber in den Prognosen eines schrumpfenden Deutschlands so nicht vorgesehen.

Muss man jetzt, da die Bevölkerungsimplosion wohl nicht kommt, überhaupt noch über Demographie reden? Die Antwort lautet: Mehr denn je! Nach einer weltweit einmaligen, über fünfzig Jahre andauernden Phase konstant niedriger Geburtenzahlen, welche seit 1972 Jahr für Jahr von der Zahl der Verstorbenen übertroffen werden, steht die Bundesrepublik nämlich in der Tat unmittelbar vor einem tiefgreifenden demographischen Umbruch. Zwischen 2025 und 2035 erreichen die in den 1960er Jahren geborenen »Babyboomer«-Kohorten das Rentenalter, und es rücken Jahr für Jahr nur gut halb so starke Geburtsjahrgänge ins erwerbsfähige Alter nach. Dann wird sich das Verhältnis zwischen den Erwerbsfähigen im Alter von 20 bis 65 und den Über-65-Jährigen schlagartig verringern. Damit trifft genau das ein, wovor Ökonomen seit Jahrzehnten gewarnt hatten: Da im umlagefinanzierten deutschen Rentensystem die Bezüge der Älteren durch die heute Erwerbstätigen erwirtschaftet werden müssen, stellt die Demographie die Rentenkasse in den kommenden Jahren vor existentielle Probleme.

Diese Entwicklung kann aber durch Zuwanderung nur geringfügig abgemildert werden. Schon im Jahr 2000 hatten die Vereinten Nationen (UN) berechnet, dass eine absurd hohe Zahl von 183 Millionen Zuwanderern bis 2050 von Nöten wäre, um den Quotienten aus Erwerbsfähigen und Rentnern in Deutschland konstant zu halten. Kurzfristig senken die meist jungen Migranten zwar den Altersschnitt, kommen aber häufig auch als Nichterwerbspersonen (z. B. als Familiennachzug) oder benötigen einige Zeit für die Eingliederung in den Arbeitsmarkt. Langfristig werden aus zusätzlichen Menschen natürlich auch zusätzliche Rentner, und die steigende Lebenserwartung, die dafür sorgt, dass ein heute 65-Jähriger im Schnitt noch 21 Lebensjahre vor sich hat – sieben mehr als noch 1970 –, gilt natürlich auch für zukünftige Neubürger und sorgt für einen beständigen Anstieg der Älteren. Der UN-Bericht ist ein gutes Beispiel dafür, wie Demographie in der Öffentlichkeit missverstanden wird: Die Kernaussage des Berichts, dass klug gesteuerte Migration die Alterung westlicher Industriestaaten zwar abschwächen, aber nicht aufhalten kann, und es daher zusätzlich anderer politischer Konzepte bedarf, wurde in der Presse teilweise auf die Notwendigkeit von Zuwanderung verkürzt – und in sozialen Medien zu einer planvollen Verschwörung seitens der UN umgedichtet.[3]

Und auch über die Geburtenrate hat die Politik heute keinen Hebel mehr, den akut bevorstehenden Anstieg des Altenkoeffizienten abzumildern. Dazu hätte man schon vor Jahrzehnten – nach dem Geburtenrückgang Anfang der 1970er-Jahre bis spätestens Mitte der 2000er-Jahre – eine Lösung finden müssen, die Geburtenrate dauerhaft auf oder näher an das sogenannte bestandserhaltende Niveau von 2,1 Kindern je Frau zu heben. Dann würden heute mehr Berufsanfänger in den Arbeitsmarkt eintreten und die Lücke zur Zahl der in den Ruhestand Ausscheidenden wäre kleiner. Stattdessen stagnierte die Geburtenziffer seit 1972 auf einem Niveau von maximal 1,5 Kindern pro Frau; im Jahr 2024 sogar nur noch etwa 1,35 Kinder – und das trotz der im internationalen Vergleich großzügigen staatlichen Leistungen wie Kinder- und Elterngeld. Selbst wenn heute ein unerwarteter Geburtenanstieg einsetzte, könnte dieser den starken Anstieg des Altenquotienten bis 2035 nicht mehr beeinflussen.

Zudem: Ob die zusätzlichen Kinder in 20 Jahren einen ohne sie existierenden, akuten Arbeitskräftemangel lindern werden, oder ob bis dahin die Nachfrage nach Arbeitskräften durch Globalisierung, Digitalisierung und Künstliche Intelligenz sinkt, ist heute noch unbekannt. Letztere könnte dazu führen, dass insbesondere Sachbearbeitertätigkeiten in großem Stile abgebaut werden – ob im Callcenter bei der Kundebetreuung oder in der öffentlichen Verwaltung, z. B. bei der Bearbeitung von Elterngeldanträgen. Diese potenzielle Umwälzung trifft auf eine deutsche Industrie, die laut Statistischem Bundesamt schon zwischen 2019 und 2024 Arbeitsplätze im Maschinen- und Fahrzeugbau abgebaut hat. Auch dieser Trend könnte sich in Zukunft noch fortsetzen. Nicht nur bauen viele Firmen Produktionsstandorte vermehrt im Ausland auf, auch Laptop-Jobs in Entwicklung, IT und Verwaltung können spätestens seit der Corona-Pandemie aus jedem Winkel der Welt erledigt werden. Das bedeutet: Zwar wird die Zahl der Menschen im erwerbsfähigen Alter den mittleren Prognosen zufolge zwischen 2025 und 2050 von rund 48 auf etwa 42 Millionen sinken. Aber es ist nicht ausgeschlossen, dass die Zahl der Jobs im gleichen Zeitraum noch stärker abnehmen könnte. Dann wäre die Bewältigung des demographischen Wandels in der öffentlichen Debatte sicherlich weniger präsent als der Beschäftigungsrückgang in Wolfsburg, Ingolstadt oder Sindelfingen.

Das heißt nicht, dass man die niedrigen Geburtenzahlen einfach hinnehmen müsse. Die Gründe für die niedrigen Kinderzahlen sind vielfältig. Aber es gäbe durchaus Möglichkeiten, über bessere Anreizstrukturen mehr Wunschkinder zu ermöglichen. Am Ende muss man jedoch konstatieren, dass sich die meisten jungen Menschen heute Kinder, wenn überhaupt, später im Lebenslauf wünschen und in geringerer Zahl, als dies für die Nettoreproduktion nötig wäre. Und in einer liberalen Demokratie gibt es keinen staatlichen Auftrag, dies zu beeinflussen. Und selbst wenn sich die individuell gewünschte Kinderzahl wieder erhöhen sollte: Die Alterung der Gesellschaft bleibt in allen realistischen Szenarien bis Mitte des Jahrhunderts fast unberührt.

Diese unvermeidlichen demographischen Veränderungen der kommenden Jahre stellen das umlagefinanzierte Rentensystem offenkundig vor Probleme. Insbesondere für die Pflege der immer zahlreicheren Hochbetagten bedarf es neuer Konzepte und Reformen. Gleichzeitig finden Unternehmen in vielen Branchen bereits heute schwer Mitarbeiter und in manchen Berufsständen (etwa in der Medizin oder bei Berufskraftfahrern) stehen hohe Verrentungswellen bevor. Diese Herausforderungen sind unbestritten. Vermeintlich einfache Lösungen wie pronatalistische und bevölkerungsexpansive Maßnahmen helfen hier aber wenig. Diese können stattdessen sogar ungewollte Konsequenzen und Mehrkosten an anderer Stelle nach sich ziehen. Um hier Kosten und Nutzen gegeneinander abwägen zu können, muss man die Mechanismen kennen, wie sich verschiedene demographische Entwicklungen auf Wirtschaft und Gesellschaft auswirken.

In den folgenden Kapiteln werden daher zunächst die grundlegenden demographischen Trends in Deutschland beschrieben. Es wird dargelegt, wie sich Änderungen bei Geburten oder Zuwanderung auf die zukünftige Bevölkerungszahl und die Alterung auswirken würden. Anschließend werden die Folgen der demographischen Entwicklung für verschiedene Bereiche des öffentlichen Lebens nach gegenwärtigem Kenntnisstand dargelegt. Wichtig ist dabei auch, zu erörtern, wofür der demographische Wandel *nicht* verantwortlich ist. Einige gesellschaftliche Probleme werden in der öffentlichen Debatte gerne »demographisiert«, um sich eine genauere Analyse der komplexeren Ursachen zu sparen oder um Maßnahmen als alternativlos darzustellen. Das betrifft etwa den Fachkräftemangel oder den Bevölkerungsrückgang in manchen ländlichen Regionen.

Für die öffentliche Diskussion und auch die Politik wäre es daher wünschenswert, anstelle längst widerlegter Scheinzusammenhänge die von der Forschung seit Längerem zusammengetragene Evidenz zur Kenntnis zu nehmen, um eine Grundlage für konstruktive Debatten und zielführende politische Entscheidungen zu gewinnen. Zwar existiert hinsichtlich mancher Problemstellungen durchaus Dissens unter Wissenschaftlern, aber in manchen Bereichen gibt es eben auch belastbare Erkenntnisse, die sich über die Jahre und Jahrzehnte immer wieder empirisch bestätigt haben. Diese Erkenntnisse dringen aber augenscheinlich entweder nicht oder nur zeitweise zu den politischen Entscheidungsträgern durch, weshalb alle paar Jahre von Neuem über den demographischen Wandel debattiert wird. Die im Raum stehenden Vorschläge klingen dabei vielfach, als hätte es nie Forschung und Debatten zu dem Thema gegeben. Eine evidenzbasierte Diskussion und Politik würde auch die

Verwunderung darüber ersparen, dass sich verschiedene Maßnahmen der deutschen Demographiepolitik seit Längerem als wirkungslos erwiesen und stattdessen häufig ungewollte Konsequenzen in anderen gesellschaftlichen Bereichen nach sich gezogen haben.

Letztendlich kann die Forschung gleichwohl über Ursachen und Wirkungen demographischer Prozesse informieren, aber die Antwort auf die normative Frage, was sein soll und welcher Zielzustand wünschenswert ist, kann sie der Gesellschaft nicht abnehmen. Soll es oberstes Ziel der Politik sein, dass die Bevölkerung wächst oder mindestens konstant bleibt, etwa um das politische und wirtschaftliche Gewicht Deutschlands innerhalb der Europäischen Union (EU) nicht einzubüßen oder damit die Inlandsnachfrage nach Konsumgütern nicht zurückgeht? Oder wäre angesichts der Tatsache, dass die Bundesrepublik mit 230 Einwohnern pro km^2 rund doppelt so dicht besiedelt ist wie die übrigen EU-Staaten im Schnitt (116 pro km^2), ein leichter Rückgang der gesamten Bevölkerungszahl sogar wünschbar, da er eher mit Nachhaltigkeit und Klimaschutz im Einklang wäre? Soll die Zahl der Menschen im erwerbsfähigen Alter erhöht werden, um dadurch den Anstieg der Rentnerzahlen abzumildern und einem Fachkräftemangel vorzubeugen, oder soll sich die Politik vorrangig zum Ziel machen, die trotzdem noch vorhandene Arbeitslosigkeit zu reduzieren und außerdem auf Automatisierung und Digitalisierung zu setzen? Je nach Priorisierung sind ganz unterschiedliche demographiepolitische Maßnahmen zielführend, wobei jeweils mit Nebenwirkungen in anderen gesellschaftlichen Bereichen zu rechnen ist.

Dass es häufig nicht einfach gelingt, miteinander in einem Zielkonflikt stehende Wünsche gleichzeitig zu realisieren, zeigt etwa die aktuelle Debatte um den Wohnungsmangel in Ballungszentren. Auch dieser war in den 2000er Jahren überhaupt nicht vorhergesehen worden. Beispielsweise prognostizierte ein deutscher Soziologe im Jahr 2002 noch, Berlin werde mittelfristig auf die Größe Hamburgs schrumpfen.[4] Folglich war eher mit Leerstand in den Städten und einer Auftragsflaute für die Bauindustrie gerechnet worden. Die Gründe für diese damalige Annahme liegen auf der Hand: Zum einen wird in Deutschland Wohnraum frei, weil jedes Jahr mehr Menschen sterben als neu geboren werden. Und ab etwa 2013 kam es zusätzlich zu einer bemerkenswerten Trendwende: Seither ziehen innerhalb Deutschlands mehr Menschen aus den größten Städten fort als zu. Zuvor hatten jahrelang die Umzüge vom Land in die Stadt dominiert, aber in den letzten Jahren zieht es unter dem Strich mehr Deutsche aus den Metropolen fort, wie eine Studie des Deutschen Instituts für Wirtschaftsforschung zeigt, sodass die Bevölkerungszahl dieser Ballungszentren ohne die Zuwanderung von außen in der Tat gesunken wäre.[5]

Die steigende Einwohnerzahl seit 2011 zieht stattdessen die Notwendigkeit nach sich, deutlich mehr Wohnungen zu bauen. Demgegenüber steht etwa das umweltpolitische Ziel einer Reduktion des Flächenverbrauchs: Da sich die Neuversiegelung von etwa 50 Hektar pro Tag nachteilig auf Energieverbrauch, Klimaschutz und Artenvielfalt auswirkt, hatte sich die Bundesregierung zum Ziel gemacht, das Wachstum des Flächenverbrauchs um mehr als die Hälfte zu reduzieren. Nun zeichnet sich freilich ab, dass ohne neuen Flächenverbrauch und allein mit »Nachverdichtungen« von Baulücken im Stadtgebiet kaum Linderung der Wohnungsnot in den Ballungsgebieten zu erreichen ist. Von umweltverträglicher Stadtentwicklung, Nachhaltigkeit und geringerer Landschaftszersiedelung ist seitdem unter Stadtplanern und Politikern weniger zu hören als davon, den Wohnungsbau auch auf freien Flächen anzukurbeln.[6]

In einem solchen Zielkonflikt kann man legitimerweise das eine oder andere Ziel stärker gewichten.[7] Allerdings sollte man nicht suggerieren, man könne ohne Weiteres alle Ziele gleichzeitig erreichen: die Bevölkerungszahl zu erhöhen um etwa die Wirtschaft anzukurbeln, bezahlbaren Wohnraum zu schaffen und trotzdem im Sinne des Umwelt- und Klimaschutzes weniger Ressourcen und Freiflächen zu verbrauchen. Ähnliches gilt für andere Zielkonflikte, etwa auf dem Arbeitsmarkt, wo eine Senkung der Arbeitslosigkeit und eine Verbesserung der Fachkräfteverfügbarkeit für Unternehmen nicht ohne weiteres gleichzeitig erreicht werden können. Daher ist zum einen eine klare Benennung und Kommunikation von Zielen notwendig, die von der Politik verfolgt werden. Zum anderen sollte die Effektivität von Maßnahmen zur Erreichung dieser Ziele untersucht werden.

Diese Ziele können je nach ideologischer Prämissen oder Interessenkonstellation unterschiedlich ausfallen. In der Tat wird dies zuweilen vergessen und so getan, als müsste im Prinzip allgemeine Einigkeit herrschen, welche Ziele in Sachen Demographie wünschenswert sind. Im

Schlusskapitel wird diskutiert, welche Ziele aus verschiedenen politischen – etwa sozialdemokratischer oder wirtschaftsliberaler – Perspektiven sinnvoll erscheinen und welche Mittel hierfür zielführend sein könnten (▶ Kap. 5). Am Ende können grundlegende Kenntnisse der Demographie und ihrer nachgelagerten Effekte dabei helfen, nicht periodisch von der Realität überrascht zu werden, sondern diese möglichst planvoll zu gestalten: Sei es in der Stadtplanung, beim KiTa-Ausbau, in der Altenpflege oder auch für die Ausbildung von Lehrern und Kinderärzten.

Abschließend soll der zweiten Auflage dieses Buches eine persönliche Bemerkung vorangestellt werden. Der Autor dieser Zeilen, selbst Vater, mag privat angesichts der sinkenden Geburtenzahlen Bedauern empfinden. Das ändert aber nichts daran, dass man das Phänomen fachlich und politisch nüchtern betrachten muss: Seit über 50 Jahren möchte die Mehrheit der Menschen in Deutschland nicht mehr als ein bis zwei Kinder, selbst wenn sie sich ideale Bedingungen vorstellen. Da es immer auch Gründe für Kinderlosigkeit gibt, die außerhalb des Einflusses des Staates liegen (z. B. medizinische), würde in Deutschland also selbst unter optimalen Rahmenbedingungen für Familien die Geburtenrate unterhalb des bestandserhaltenden Niveaus liegen. Eine freiheitliche Gesellschaft muss diese individuellen Präferenzen respektieren. Und die 500 000 Zuwanderer pro Jahr, die manche Experten als Linderung der demographischen Alterung fordern, empfindet die Mehrheit Umfragen zufolge ebenfalls als zu hoch. Man könnte dies als klassisches Gemeinwohlproblem betrachten – die Aggregation der individuellen Präferenzen führt zu gesamtgesellschaftlichen Problemen, z. B. bei der Finanzierung der Rente. Die Frage ist nun aber, ob man in einer liberalen Demokratie langfristig gegen diese Präferenzen Politik macht, oder ob man diese samt ihrer Konsequenzen akzeptiert. Dann könnte man den demographischen Wandel als notwendige Konsequenz des Mehrheitswillens in Verbindung mit zivilisatorischem Fortschritt bei der Langlebigkeit ansehen, und die politische Energie eher auf effektive Lösungen zur Bewältigung der unvermeidlichen Folgen konzentrieren.

2 Überblick über gegenwärtige demographische Entwicklungen

2.1 Was ist der »demographische Wandel«?

Drei Faktoren beeinflussen Bevölkerungszahl und Altersstruktur eines Landes: Geburten, Sterbefälle und Migration. Der »demographische Wandel« lässt sich im Kern so zusammenfassen: Die längste Zeit der Menschheitsgeschichte waren die Geburtenzahlen je Frau hoch, aber auch die Sterblichkeit, vor allem in den ersten Lebensjahren. Heute werden dagegen weniger Kinder geboren, die aber eine höhere Lebenserwartung ab Geburt aufweisen. In der vorindustriellen Zeit brachte eine Frau in Europa im Laufe ihres Lebens im Schnitt etwa sechs Kinder zur Welt, von denen aber zwei bis drei nicht das Erwachsenenalter erreichten. In der Konsequenz wuchs die Weltbevölkerung über viele Jahrhunderte nur langsam.

Infolge medizinischer und hygienischer Fortschritte gelang in der Neuzeit ein deutlicher Rückgang der Kindersterblichkeit (in Deutschland vor allem zwischen 1871 und 1914) – dieser wird auch als erste demographische Transition bezeichnet. Die Geburtenrate blieb zunächst hoch, und weil immer mehr dieser Kinder überlebten, wuchs die Bevölkerung in dieser Phase stark an. Etwas zeitversetzt folgte die zweite Phase: Die Zahl der geborenen Kinder ging zurück – in Deutschland schon in den 1920er Jahren, und nach einer kurzzeitigen Erholung während des Babybooms endgültig ab 1972. Die beiden »Übergänge« bei Sterbe- und Geburtenraten sind in unten sichtbar (▶ Abb. 2) – ebenso die drastischen Folgen für den Altersaufbau der Gesellschaft (▶ Abb. 3.1 und 3.2).

Heute liegt die Geburtenrate in den meisten europäischen Ländern sowie in vielen anderen Weltregionen bei weniger als zwei Kindern pro

Frau. Im Gegensatz zu früher dürfen allerdings fast 99% aller neugeborenen Mädchen mindestens bis zum 40. Lebensjahr überleben und so ihrerseits die reproduktive Phase durchleben. Um den Bestand einer Bevölkerung langfristig konstant zu halten, reichen daher heute etwa 2,1 zur Welt gebrachte Kinder im Leben einer durchschnittlichen Frau. Über die Gründe dafür, dass heute die Mehrheit aller Länder eine Geburtenrate unterhalb dieses Niveaus aufweist, herrscht kein Konsens. Unten werden einige Erklärungsansätze diskutiert werden.

Was sagt eigentlich die »Geburtenrate« aus?

In der öffentlichen Diskussion werden demographische Kennzahlen wie Geburtenzahlen oder -raten häufig missverstanden. Daraus resultieren Fehlschlüsse wie beispielsweise:

- Steigende Geburtenzahlen bedeuten, dass die Frauen im Laufe ihres Lebens mehr Kinder bekommen.
- Ein Rückgang der Geburtenrate lässt darauf schließen, dass Frauen im Laufe ihres Lebens weniger Kinder bekommen.
- Wenn die Geburtenzahl oder -rate steigt, bedeutet dies, dass die Familienpolitik erfolgreich war.

All diese Schlüsse sind in dieser Form falsch. Um aufzuzeigen, warum dies so ist, sollen im Folgenden kurz einige der wichtigsten demographischen Konzepte und deren häufige Fehlinterpretationen erläutert werden.

Betrachten wir zunächst die absolute Zahl der Geburten in einem Jahr. In Deutschland kamen im Jahr 2023 etwa 692 000 Kinder zur Welt. Das waren ungefähr gleich viele wie im Jahr 2008 – aber 100 000 weniger als dazwischen im Jahr 2016. Warum stieg die Geburtenzahl im Laufe weniger Jahre um immerhin 14%, nur um dann wieder im selben Maß zu fallen? Bedeutet dies, dass Frauen im Laufe ihres Lebens erst mehr und dann wieder weniger Kinder bekamen?

Hierbei muss beachtet werden, dass die absolute Zahl der Geburten (oder ausgedrückt als Quote pro 1 000 Einwohner) nicht nur durch die Geburtenhäufigkeit unter Frauen im gebärfähigen Alter beeinflusst wird, sondern auch durch die altersmäßige Zusammensetzung der Gesellschaft. Durch die gestiegene Lebenserwartung und die schon seit 50 Jahren geringe Kinderzahl ist in Deutschland der Anteil älterer Menschen angestiegen, von denen man ohnehin keine Geburten erwarten würde. Somit sinkt auch bei gleichbleibender Fertilität unter jungen Frauen die nominelle Geburtenzahl über die Zeit.

Weil der Geburtenrückgang in der Vergangenheit aber nicht unbedingt linear vonstattenging, sondern von einem zwischenzeitlichen Wiederanstieg unterbrochen werden kann, kommen Schwankungen bei der Gesamtzahl der Geburten auch dadurch zustande, dass eine zahlenmäßig größere Elterngeneration ins gebärfähige Alter nachrückt. Dadurch sind selbst bei konstantem Reproduktionsverhalten absolut gesehen mehr Geburten zu erwarten. Genau das geschah in Deutschland gleich zwei Mal in den vergangenen Jahrzehnten: 1960 bis 1965 wurden die stärksten Geburtenzahlen der Nachkriegsgeschichte registriert, der sogenannte Babyboom. Damals wurden deutlich mehr Kinder geboren als in den Jahren unmittelbar nach dem Krieg. Aufgrund der zahlreicheren Eltern sind auch die Kinder dieser »Babyboomer«, die um 1985 bis 1990 geboren wurden, um mehr als 10% zahlreicher als die vorangegangene, Mitte der 1970er Jahre geborene »Generation X«, deren Eltern 1945–1950 zur Welt kamen, als die Geburtenzahlen niedriger waren, und deren Geburtenrate nach dem »Pillenknick« um 1972 nochmals schwächer ausfiel. Seit ca. 2015 wurden wiederum die vergleichsweise starken Jahrgänge der 1985 bis 1990 geborenen Kinder der »Babyboomer« ihrerseits verstärkt zu Müttern und Vätern. Dieser Effekt endete aber um 2020 wieder, wie im Folgenden noch detaillierter besprochen wird.

Um die Geburtenhäufigkeit unabhängig von der Altersstruktur zu messen, wird wohl am häufigsten die zusammengefasste Geburtenziffer (englisch: *total fertility rate* = TFR) zitiert. Diese Kennzahl ist in der Regel gemeint, wenn (wie auch hier im Folgenden) verkürzt von der »Geburtenrate« gesprochen wird. Sie setzt die Zahl der Geburten nicht ins Verhältnis zur Gesamtbevölkerung, sondern zur Zahl der Frauen im Alter zwischen 15 und 49 Jahren. Für ihre Berechnung sind daher detaillierte Daten nötig: zu jeder Geburt das Alter der Mutter, und zusätzlich die Zahl aller Frauen in jeder Altersklasse. Die Geburtenzahl jeder Alterskohorte (der 15-Jährigen, der 16-Jährigen etc.) wird gezählt und durch die Zahl der

Frauen im jeweiligen Alter geteilt. Die so erhaltenen altersspezifischen Geburtenziffern werden aufaddiert. Beispielsweise kamen 2024 in Deutschland 15 Kinder je 1 000 Frauen im Alter von 20 Jahren zur Welt, 21 Kinder je 1 000 Frauen im Alter von 21, 26 Kinder je 1 000 Frauen im Alter von 22 usw.[8] Die höchste Rate hatten die 32-jährigen Frauen mit 103 Kindern je 1 000 Frauen. Mit anderen Worten: Etwa 10 % aller 32-Jährigen brachten im Jahr 2024 ein Kind zur Welt, dagegen nur etwa 2 % der 21-Jährigen. Addiert man all diese Werte für jede Frauenkohorte zwischen 15 und 49 Jahren zusammen, so ergibt sich für 2024 eine Zahl von 1 352 Geburten pro 1 000 Frauen im gebärfähigen Alter und somit eine »Geburtenrate« von 1,35 Kindern pro Frau. Dadurch erhält man eine virtuelle Durchschnittsfrau, die die Altersjahre von 15 bis 49 in einem einzigen Kalenderjahr durchläuft, und kann ihre Kinderzahl am Ende des gebärfähigen Alters ablesen.

Ein großer Vorteil dieser Berechnung ist, dass man nicht warten muss, bis alle Frauen dieses Alter tatsächlich durchlaufen haben. Es reichen die Querschnitts-Informationen aus einem Jahr, um den virtuellen Lebenslauf zu konstruieren. Andererseits ist das Problem an dieser Rechnung offensichtlich: Man weiß nicht, ob sich diese Hochrechnung im Laufe der Zeit bewahrheiten wird. Man unterstellt ja den heute 20-Jährigen, in zehn Jahren so viele Kinder zu bekommen wie die heute 30-Jährigen im aktuellen Jahr. Dies ist in Zeiten gesellschaftlicher Stabilität realistisch. Dann ist diese auch »periodenbasiert« genannte (da im Querschnitt erhobene) Geburtenrate eine exakte Vorhersage der endgültigen Geburtenzahl der heutigen Frauen, wenn sie alle das gebärfähige Alter durchlaufen haben werden. Aber wenn sich Familienstrukturen im Wandel befinden, unter- oder überschätzt die TFR die Zahl der letztendlich je Frau geborenen Kinder. Insbesondere der in den vergangenen Jahrzehnten in vielen Ländern beobachtete Trend, dass Frauen immer später Mütter werden, sorgt dafür, dass die letztendliche Zahl der tatsächlichen Geburten über die Lebensspanne etwas höher ausfällt, als es die zusammengefassten Geburtenziffern hätten vermuten lassen: Die heute 20-Jährigen bekommen im Alter von 30 Jahren mehr Kinder als die 30-Jährigen heute, weil letztere ihr erstes Kind schon im früheren Alter zur Welt gebracht haben, während viele der heute Jüngeren ihre Mutterschaft hinausschieben.[9]

Auch in Zeiten politischer oder wirtschaftlicher Krisen werden häufig kurzzeitig weniger Kinder geboren. Allerdings handelt es sich hierbei oft ebenfalls um Aufschübe und nicht um ein dauerhaftes Absinken der Fertilitätsraten. Nach der Wende beispielsweise stürzte die Geburtenrate in der ehemaligen DDR kurzzeitig unter ein Kind pro Frau ab, danach erholte sie sich und lag um das Jahr 2000 wieder oberhalb der westdeutschen Rate.[10] Die anhand der Werte eines einzelnen Jahres errechnete Geburtenrate darf daher nicht mit der Zahl der im gesamten Lebensverlauf geborenen Kinder je Frau verwechselt werden. Dass in vielen Ländern der Welt die Geburtenrate gegenwärtig deutlich zurückgeht (▶ Abb. 1), muss mit ebendiesen Vorbehalten interpretiert werden. In vielen Fällen ist noch unklar, welcher Teil dieses Rückgangs auf ein verstärktes Herauszögern insbesondere des ersten Kindes (infolge einer Bildungsexpansion oder inmitten politischer oder wirtschaftlicher Krisen) und welcher Teil auf einen tatsächlichen Wandel hin zu weniger Kindern je durchschnittlicher Familie zurückgeht.

Die endgültige Kinderzahl einer jeweiligen Alterskohorte ist frei von derlei Verzerrungen und gibt präzise an, zu welchem Grad sich eine Generation reproduziert hat. Der Nachteil dieser Kennziffer liegt jedoch auch auf der Hand: Sie ist erst bekannt, sobald der jeweilige Geburtsjahrgang das gebärfähige Alter vollständig durchschritten hat. So brachten die 1960 geborenen Frauen in Deutschland im Laufe ihres Lebens 1,66 Kinder je Frau zur Welt, obwohl die zusammengefasste Geburtenziffer in den 1980er und 1990er Jahren im Schnitt bei 1,38 lag, was durch den beschriebenen Trend des Herauszögerns insbesondere des ersten Kindes erklärt werden kann. Folglich lag die Nettoreproduktion des Geburtsjahrgangs 1960 bei etwa 83 %, und nicht wie in den 1990ern befürchtet bei lediglich 69 %. Das war für diesen Jahrgang aber erst Mitte/Ende der 2000er Jahre gewiss.

Ob sich aber in jüngerer Zeit in Kraft gesetzte Reformen bei Kinder- und Elterngeld oder die Verbreitung von Smartphones und Social Media auf die endgültige Kinderzahl der Generationen Y und Z auswirken werden, wird erst bekannt sein, wenn die heute Jüngeren das gebärfähige Alter durchschritten haben werden. Da man derartige Familientrends beschreiben und erforschen möchte, ohne Jahrzehnte warten zu müssen, ist verständlich, dass die zusammengefasste Geburtenrate trotz ihrer Limitationen am häufigsten als Indikator herangezogen wird. Dessen ungeachtet darf dies nicht zu den oben aufgeführten Fehlschlüssen führen.

Gründe für den Babyboom der 2010er Jahre – und den jüngsten Rückgang

Mit den vorgestellten Konzepten sind die scheinbar paradoxen Meldungen der jüngsten Zeit erklärbar, die zunächst um 2018 frohlockten, »Deutsche bekommen wieder mehr Kinder«, nur um wenige Jahre später wieder zu vermelden, »Geburtenrate in Deutschland massiv eingebrochen«.[11] Richtig ist: In Deutschland gab es zwischen 2015 und 2021 ein kurzzeitiges Geburtenhoch. Von 662 000 Geburten im Jahr 2011 war die Zahl Neugeborener bis 2016 auf 792 000 angestiegen – ein beträchtlicher Zuwachs von 20 % in nur fünf Jahren![12] Diese Entwicklung hatte aber verschiedene Gründe. Zum einen hatte die Zahl der potenziellen Mütter auch ohne Zuwanderung zugenommen, was sich nach 2020 wieder umgekehrt hat. Wir erlebten den demographischen »Nachhall« des Babybooms von 1960 bis 1965, dessen Enkel zur Welt kamen: Zwischen 2011 und 2016 wuchs die Alterskohorte der 25- bis 35-Jährigen, in der die meisten Kinder geboren werden, selbst bei ausschließlicher Betrachtung der Bevölkerung ohne Migrationshintergrund von 7,2 auf 7,6 Millionen an.[13] Gut zu sehen ist dies in der Alterspyramide für 2015 (▶ Abb. 3.2): Die 25- bis 34-jährigen Frauen sind zahlreicher als die 35- bis 44-Jährigen. Dies lässt sich dadurch erklären, dass diese Kinder der »Babyboomer« der 60er Jahre, die zwischen 1980 und 1990 geboren wurden, trotz der seit 1973 nahezu konstanten Geburtenrate eben zahlreicher sind als ihre Vorgängergeneration, deren Eltern noch vor dem Höhepunkt des Babybooms zur Welt kamen. Wenn die Zahl der potenziellen Eltern um 5 % zunimmt, ist auch bei gleichbleibender Geburtenrate ein Anstieg der Kinderzahlen zu erwarten. Also konnte man um 2015 schon rein durch den Blick auf die Alterspyramide einen bevorstehenden Anstieg der Geburtenzahlen vorhersagen.

Zweitens nahm die Geburtenrate unter Frauen mit deutscher Staatsbürgerschaft sogar zu – wenn auch nur sehr leicht, von 1,40 (2014) auf 1,46 (2016). Das ist vor allem darauf zurückzuführen, dass viele Frauen im

Alter von Mitte bis Ende 30 die zuvor herausgezögerten Geburten »nachholten«. Wie bereits dargelegt, heißt das aber keinesfalls, dass Frauen im Laufe ihres Lebens insgesamt mehr Kinder bekämen. Dafür gibt es bis dato keine Anzeichen. Der Anteil der endgültig kinderlos gebliebenen Frauen ging jedenfalls nicht zurück, sondern lag bei allen Geburtsjahrgängen zwischen 1963 und 1980 zwischen 20 und 21 %. Die endgültige Zahl der von den 1974 Geborenen zur Welt gebrachten Kinder liegt mit 1,58 auf dem Niveau ihrer zehn Jahre älteren Vorgängerinnen (1964: 1,57 Kinder). Folglich scheinen Geburtenraten und Kinderlosigkeit bei Deutschen in diesem Zeitraum relativ konstant geblieben zu sein.

Der Anstieg um gut 130 000 Geburten zwischen 2011 und 2016 geht also teilweise auf eine größere Elternzahl (wegen des Babybooms) und teilweise auf nachgeholte Geburten spät Mütter werdender Frauen zurück. Der übrige Teil dieses Anstiegs konnte wiederum durch die höhere Geburtenzahl unter in Deutschland lebenden Ausländerinnen erklärt werden. Deren Geburtenrate nahm zwischen 2010 und 2016 von 1,6 auf 2,28 Kinder je Frau zu. Das darf allerdings nicht als plötzlicher Geburtenanstieg unter den schon länger hier lebenden Migrantinnen missverstanden werden, denn bei den Geburtenzahlen unter Deutschlands traditionellen Migrantengruppen, wie den Türkinnen, Russinnen oder Italienerinnen, hat sich im fraglichen Zeitraum kaum etwas verändert. Zum größten Teil ging dieser Anstieg auf syrische Mütter zurück, die in diesem Zeitraum zur drittgrößten Nationalität unter den Müttern (nach Deutschen und Türkinnen) aufstiegen und die insgesamt damals noch deutlich zahlreicher im Land vertretenen Polinnen oder Italienerinnen bei den Geburten schon deutlich übertrafen. Mit einigem Abstand folgten in dieser Hinsicht die gestiegenen Geburtenzahlen bei afghanischen, irakischen und rumänischen Müttern. Nun kann man der Ansicht sein, es sei unwichtig, woher die Kinder kommen und welche Nationalität ihre Mütter haben. Aber für die korrekte Interpretation der Gründe des zeitweisen Geburtenanstiegs und die Beurteilung der Effektivität der deutschen Familienpolitik muss eine solche differenzierte Betrachtung zugrunde gelegt werden.

Der kurzzeitige Babyboom zwischen 2015 und 2021 ist somit zu Teilen den neuen Zuwanderinnen zu verdanken, der Rest ist vornehmlich das Erbe der »Babyboomer«-Großeltern. Das wurde im medialen Diskurs und in Politikerreden häufig missverstanden, zumal es aus Sicht der Politik wohl besser vermittelbar war, die gestiegene Geburtenzahl als den endlich einsetzenden Erfolg der großzügigen Ausgaben in der Familienpolitik von Elterngeld bis KiTa-Rechtsanspruch darzustellen. Natürlich gibt es keinen Vergleich, wie sich die Geburtenrate ohne Elterngeld oder KiTa-Ausbau entwickelt hätte. Man könnte argumentieren, dass ohne die staatlichen Leistungen noch weniger Kinder geboren werden würden. Da sich aber an den Geburtenraten der Deutschen und auch der schon länger hier lebenden Migrantinnen seit 2010 kaum etwas verändert hat – und diese seit 2022 sogar nochmals rückläufig sind –, gibt es für die Effektivität der deutschen Familienpolitik bislang keinen soliden empirischen Nachweis.

Warum sind nun nach der Corona-Pandemie in den Jahren 2023 und 2024 die Geburtenzahlen wieder auf das Niveau von 2007 gefallen? Der wichtigste Faktor ist der oben erwähnte Wandel der Altersstruktur. Anhand der Alterspyramide von 2015 ist gut zu sehen, dass die Frauen im Alter von 25 bis 34 Jahren verhältnismäßig zahlreich waren (▸ Abb. 3.2). Aber die nachfolgenden Jahrgänge sind deutlich kleiner – selbst die starke Zuwanderung seit dem Jahr 2015 änderte nichts daran, dass die Zahl der potenziellen Mütter ab 2020 stark abnahm. Die daraus folgende Abnahme der absoluten Geburtenzahlen wird sich bis auf weiteres fortsetzen, das kann man mit relativ hoher Sicherheit vorhersagen.

Aber nicht nur die absoluten Geburtenzahlen, sondern auch die zusammengefasste Geburtenziffer ist zwischen 2021 und 2024 wieder zurückgegangen – von vormals mehr als 1,5 auf nur noch 1,35 Kinder je Frau. Die Geburtenrate sank sowohl bei deutschen als auch bei ausländischen Frauen auf 1,23 bzw. 1,84 Kinder je Frau. Ob es sich dabei um einen dauerhaften Trend hin zu noch weniger Kindern handelt, ist noch unklar. Das Statistische Bundesamt vermeldete zwar schon den »dritten Geburtenrückgang im vereinigten Deutschland«,[14] aber in dieser Größenordnung lag die Geburtenrate in Deutschland auch schon in den 1990ern und 2000er Jahren (▸ Abb. 2). Von daher scheint es sich bei der jüngsten Entwicklung (bislang) weniger um ein neuartiges Phänomen zu handeln, das einer eigenständigen Erklärung bedarf, als vielmehr um die Fortsetzung des seit 1972 gültigen Rätsels, warum die Geburtenrate in Deutschland – ob in wirtschaftlich guten oder schlechten Zeiten, vor und nach Smartphone und Internet, in Regionen mit günstigem und teurem

Wohnraum – weit unter dem bestandserhaltenden Niveau verharrt. Erklärungsansätze hierzu werden in diesem Kapitel noch diskutiert werden.

Was sagt die Lebenserwartung aus?

Analog zur Geburtenrate werden zur Berechnung der Lebenserwartung Sterbetafeln aus einem einzigen Jahr (bzw. einer kurzfristigen Zeitspanne) herangezogen. Mit ihrer Hilfe wird ermittelt, wie lange ein neugeborenes Kind im Schnitt lebt, wenn es über seine zukünftige Lebensspanne hinweg in jedem Lebensjahr dem unter den momentan im jeweiligen Alter befindlichen Kohorten beobachteten Sterberisiko unterläge. Beispiel: Im Jahr 2011 starben in Deutschland 315 je 100 000 Mädchen im ersten Lebensjahr.[15] Unter den Ein- bis Zweijährigen waren es deutlich weniger, nämlich 26 pro 100 000. Die Sterbewahrscheinlichkeiten nehmen unter den älteren Kindern weiter ab und ab der Pubertät wieder zu. Gut 0,1 % der 43-jährigen Frauen starben in jenem Jahr, rund 1 % der 70-Jährigen. Geht man ab dem ersten Lebensjahr aufwärts, berechnet die Überlebenswahrscheinlichkeiten vom ersten bis zu jedem höheren Lebensalter (durch Multiplikation aller jährlicher Überlebensraten) und summiert die Ergebnisse auf, so ergibt sich, dass Frauen ab Geburt durchschnittlich bis zum 83. Lebensjahr überleben. Bei den Männern beträgt die so errechnete Lebenserwartung ab Geburt 78 Jahre.

Auch hier wird also ein virtueller Durchschnittsmensch konstruiert, der ein gesamtes Leben durchläuft – aber jedes Lebensalter unter den heutigen Bedingungen lebt. Ob jedoch die im Jahr 2011 geborenen Jungen und Mädchen tatsächlich im Schnitt 78 bzw. 83 Jahre alt werden, ist natürlich ungewiss. Niemand kann wissen, ob in 50 Jahren medizinische Quantensprünge für deutlich längere Leben sorgen werden – oder aber politische oder Umweltkatastrophen für das genaue Gegenteil. Die heute 80-Jährigen, deren beobachtete Sterberate in die Berechnung der Lebenserwartung miteinfließt, haben ihre jungen Jahre unter anderen wirtschaftlichen, medizinischen, technologischen und politischen Bedingungen gelebt, als die heute Geborenen in den nächsten 80 Jahren vorfinden werden. Die Lebens-»Erwartung« ist also der mathematische Erwartungswert dafür, wie lange ein menschliches Leben dauert – unter den heute beobachteten Sterberisiken in jedem Lebensalter. Die Alternative wäre, zu warten, bis aus einem Geburtsjahrgang (z.B. 1910) niemand mehr lebt, um dann das durchschnittlich erreichte Alter präzise angeben zu können. Aber diese Erkenntnis hat für heutige Entwicklungen und Fragestellungen – etwa: Wirkte sich die Corona-Pandemie auf die Lebenserwartung aus? – keine Relevanz mehr.

Daher liegt der Vorteil der dargelegten Berechnung der Lebenserwartung (analog zur oben diskutierten Stärke der zusammengefassten Geburtenziffer) darin, die aktuellen Lebensumstände und Sterberisiken in einer griffigen Kennzahl zusammenzufassen. Es handelt sich bei der Lebenserwartung wie bei der Geburtenrate somit um eine Beschreibung des Status quo, die Kennzahl darf nicht als eine Vorhersage der zukünftigen Entwicklung missverstanden werden: Ob die heutigen Frauen im gebärfähigen Alter durchschnittlich 1,5 Kinder zur Welt gebracht haben werden, wenn sie diesem Alter entwachsen sein werden, und ob die heute geborenen Jungen und Mädchen durchschnittlich 78 bzw. 83 Jahre alt werden, wird sich erst noch zeigen. Dieser Hintergrund ist wichtig für die korrekte Interpretation häufig zu lesender Formulierungen wie »heute in Deutschland geborene Kinder dürfen erwarten, 83 Jahre alt zu werden«.

Auch wenn niemand die Zukunft vorhersehen kann, sind die vorgestellten demographischer Kennzahlen insbesondere für die Politik auch für den Blick nach vorn wertvoll. Sie schreiben die Entwicklung der Gesellschaft fort unter der Annahme, dass alle wesentlichen Faktoren konstant bleiben werden. Sie zeigen somit plausible Entwicklungspfade auf und ermöglichen etwa Bewertungen seitens der Politik, ob sich die Demographie im Lichte gesetzter Ziele auf einem guten Weg befindet oder nicht. Zudem ändern sich Geburtenraten oder Lebenserwartung langfristig ohne unvorhergesehene, außerhalb des Einflusses der Politik liegende Ereignisse selten sprunghaft. Folglich lassen sich im kurz- und mittelfristigen Horizont häufig recht präzise demographische Vorausberechnungen anstellen – etwa zur zukünftigen Auslastung von Kreißsälen oder der Zahl der Schulanfänger oder Pflegebedürftiger in den kommenden Jahren. Demgegenüber werden beispielsweise Vorhersagen zu Wirtschaftswachstum, Arbeitslosigkeit oder Wahlergebnissen von der Realität häufig deutlich schneller entwertet.

Geburtenraten weltweit

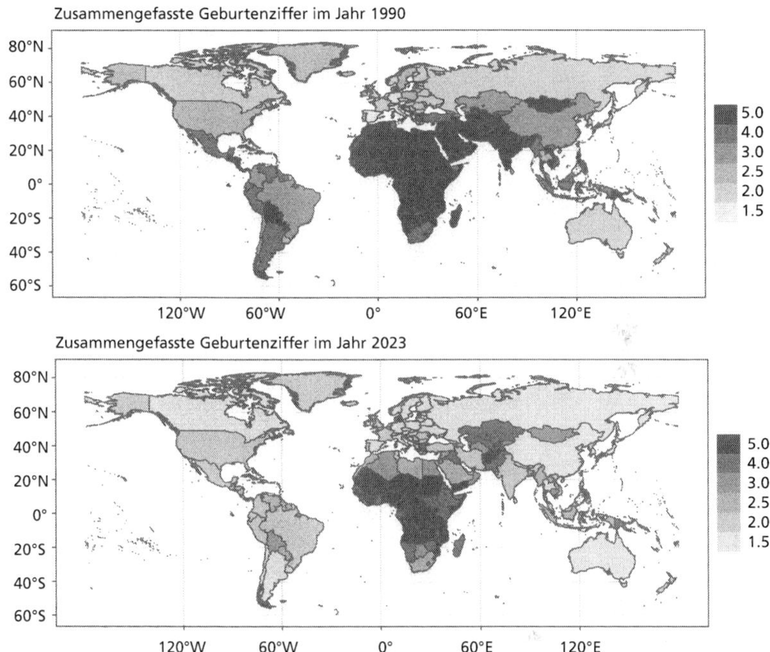

Abb. 1: Zusammengefasste Geburtenziffer im weltweiten Vergleich, 1990 und 2023.

In den meisten Weltregionen sind die Geburtenraten in den vergangenen Jahrzehnten zurückgegangen, die Lebenserwartung hat sich erhöht und das Durchschnittsalter ist angestiegen. Abbildung 1 zeigt die weltweiten Unterschiede bei der zusammengefassten Geburtenziffer je Land in den Jahren 1990 und 2023. Im globalen Norden waren die Kinderzahlen schon am Ende des Kalten Krieges in allen Ländern nahe oder unter dem bestandserhaltenden Niveau. Andere Weltregionen haben in dieser Zeitspanne dagegen gewaltige Veränderungen erlebt: In Ländern unterschiedlichster kultureller Prägung wie Iran, Indien, Tunesien oder Mexiko fielen die Geburtenraten in starkem Maße. Wie oben erläutert, dürfen die momentanen Werte nicht zu dem Fehlschluss führen, dass etwa Iranerinnen durchschnittlich im Laufe ihres Lebens nur die 1,7 Kinder bekommen, welche die momentane zusammengefasste Geburtenziffer anzeigt, denn diese ist das Resultat vieler aktueller Hinauszögerungen von Kinderwünschen unter jungen Frauen, die erfahrungsgemäß später zumindest teilweise nachgeholt werden, sodass die endgültige Geburtenzahl pro Frau wahrscheinlich etwas höher liegen wird.

Trotzdem zeigen diese Daten, dass der demographische Wandel kein rein westliches Phänomen ist, sondern sich global vollzieht – lediglich in weiten Teilen Afrikas südlich der Sahara sind die Geburtenraten weiterhin sehr hoch. Der Rückgang, der von Experten auch dort seit langer Zeit vorhergesagt wurde, hat sich bislang nur geringfügig eingestellt. Deshalb wird das globale Bevölkerungswachstum in den nächsten Jahrzehnten zum großen Teil in Afrika (sowie in einigen nahöstlichen und südasiatischen Ländern wie Afghanistan, Pakistan und dem Jemen) zu beobachten sein.

Schlussendlich sollte auch erwähnt werden, dass es einige wenige Länder gibt, in denen die Geburtenrate im Vergleich mit 1990 sogar angestiegen ist. Dazu gehört beispielsweise Kasachstan, wo die Fertilität nach dem Zusammenbruch der Sowjetunion in den 1990er Jahren auf ein Niveau von etwa zwei Kindern je Frau fiel – nach der Jahrtausendwende aber wieder klettert, sogar auf mehr als drei Kinder je Frau. Teilweise stehen in den zentralasiatischen Ländern auch Veränderungen der ethnischen Zusammensetzung (z.B. Auswanderung vieler Russisch- und Deutschstämmiger aus Kasachstan) anstatt gewandelter Familiennormen hinter diesen Trends. Dennoch ist bemerkenswert, dass Geburtenraten unterhalb des Reproduktionsniveaus kein postmodernes Naturgesetz zu sein scheinen, sondern sich in manchen Regionen bis dato auf deutlich höherem Niveau eingependelt haben als in Westeuropa und Ostasien.

Warum sinken die Geburtenzahlen?

Was sind die Gründe für diesen Rückgang von fünf oder mehr auf zwei oder weniger Kinder pro Frau, der in fast allen Weltregionen innerhalb von nur wenigen Jahrzehnten vollzogen wurde? Mehrere Faktoren haben sich immer wieder als erklärungskräftig bei der Vorhersage des Geburtenrückgangs in verschiedensten Ländern erwiesen, wobei einige Fragezeichen weiterhin bestehen:

Erstens ist das der Rückgang der Kindersterblichkeit infolge von Fortschritten bei Medizin, Hygiene und gesundheitlicher Aufklärung: Manchen Forschern zufolge ist dies sogar die Hauptursache für den darauffolgenden Rückgang der Fertilität.[16] Familien müssen nicht mehr sechs Kinder in die Welt setzen und darauf hoffen, dass zwei bis drei davon bis ins Erwachsenenalter überleben, stattdessen reichen gut zwei Kinder pro Frau zur Nettoreproduktion einer Bevölkerung aus. In der Tat sinken Kindersterblichkeit und Geburtenrate meist parallel zueinander, so ist auch die Entwicklung in Deutschland (▶ Abb. 2). Es gibt aber auch Fälle, die nicht in dieses Muster passen. Die Geburtenrate lag 2023 in Staaten wie Niger, Tschad oder Somalia noch über sechs Kindern pro Frau, obwohl auch dort mittlerweile mehr als 90 % der Neugeborenen das kritische erste Jahr überleben – das sind mehr als etwa in Deutschland im Jahr 1925, als noch mehr als 10 % aller Kinder im ersten Lebensjahr starben, aber die Geburtenrate trotzdem schon auf rund zwei Kinder pro Frau gesunken war.

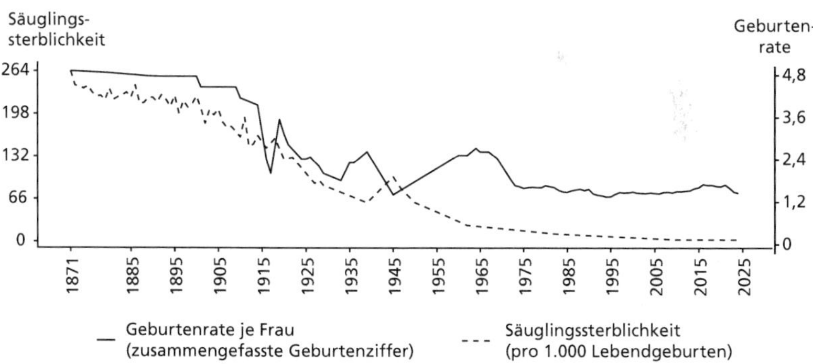

Abb. 2: Säuglingssterblichkeit und zusammengefasste Geburtenziffer in Deutschland, 1871–2024.

Ein weiterer wichtiger Faktor ist die Urbanisierung. Im Jahr 2007 zählten die Vereinten Nationen erstmals in der Geschichte weltweit mehr Menschen in Städten als in ländlichen Gebieten. Noch um 1871 lebten zwei Drittel der Deutschen in Dörfern mit weniger als 2000 Einwohnern, heute wohnt die überwiegende Mehrheit in der Stadt oder im verstädterten Raum. Gleichzeitig hat sich die Bevölkerungsdichte von 76 auf 231 Einwohner pro km^2 mehr als verdreifacht und die Siedlungsstruktur dramatisch hin zu urbanen Räumen gewandelt. Das Bundesinstitut für Bau-, Stadt- und Raumforschung klassifiziert von den 400 Landkreisen in Deutschland nur noch jeden vierten als »dünn besiedelten ländlichen Kreis« – 75 % aller Kreise lagen stattdessen in städtischem oder verdichteten Raum.[17] Auch das wirkt sich auf die Geburtenrate aus, denn auf dem Land werden traditionell mehr Kinder geboren als in der Stadt, wo der Wohnraum knapp ist und die dominanten Erwerbsformen weniger stark auf Kinder als Mitarbeiter im Familienbetrieb oder Erben desselben angewiesen sind.

Eine stark negative Korrelation zeigt sich auch zwischen dem *Wohlstandsniveau* einer Region und der Geburtenrate. Mit höheren Löhnen steigen die sogenannten Opportunitätskosten der Kindererziehung. Dabei handelt es sich um das potenziell erzielbare Einkommen durch Erwerbsarbeit, das insbesondere Frauen entgeht, wenn sie stattdessen zahlreiche Kinder gebären und betreuen. Außerdem stellen Kinder in ärmeren, landwirtschaftlich geprägten Gesellschaften oft die einzige Altersvorsorge dar. Dagegen haben wohlhabendere Staaten meist vergemeinschaftete Systeme der sozialen Sicherung institutionalisiert, die auch kinderlose Menschen im Alter versorgen – und zwar in der Regel in desto höherem Umfang, je mehr zuvor eingezahlt wurde. Diese Systeme bevorzugen also eher Kinderlose, weil sich gerade für Frauen Auszeiten für die Kinderbetreuung negativ auf das zu erwartende Einkommen auswirken. In wirtschaftlich unterentwickelten Staaten ist es demnach, wie der Demograph John C. Caldwell schon in den 1970er Jahren überspitzt formulierte, ökonomisch rational, so viele Kinder wie möglich zu bekommen, während in den wohlhabenderen Ländern das aus ökonomischer Sicht vernünftigste Verhalten sei, gänzlich kinderlos zu bleiben.[18]

Aus dieser Perspektive ist weniger erklärungsbedürftig, warum in Ländern wie Deutschland, in denen Kinder massive finanzielle Investitionen mit hohen Opportunitätskosten und geringem Wert für die Alterssicherung darstellen, die Geburtenrate so niedrig ausfällt. Vielmehr wäre aus rein ökonomischer Betrachtung zu fragen, warum nicht noch mehr Paare kinderlose Doppelverdiener bleiben. Zu beachten ist allerdings, dass dieser negative Zusammenhang zwischen Wohlstand und Kinderreichtum ein historisch recht junges Phänomen und keinesfalls als Naturkonstante zu betrachten ist. Noch bis ins 18. Jahrhundert hinein bekamen in Preußen beispielsweise reichere Familien mehr Kinder als ärmere. Mittellose junge Menschen heirateten später und begrenzten ihre Fertilität darüber hinaus durch verschiedene, schon im Mittelalter bekannte Techniken der Verhütung und Abtreibung (sowie durch Abstinenz). Außerdem spricht gegen die allgemeine negative Korrelation, dass kurzfristige ökonomische Schocks in wohlhabenden Staaten heute in der Regel nicht wieder zu höheren, sondern eher zu noch niedrigeren Geburtenraten führen.

Die Ausweitung der sekundären und tertiären *Bildungsbeteiligung* – vor allem für Frauen – ist empirisch der wohl beste Prädiktor für einen anschließenden Rückgang der Geburtenrate.[19] Sowohl in ärmeren als auch in wohlhabenden Ländern zeigt sich heutzutage das konsistente Muster, dass die Kinderzahl mit dem Bildungsniveau der Frau sinkt. Beispielsweise wurde im Iran in den vergangenen Jahrzehnten eine massive Bildungsexpansion vorangetrieben, und die Geburtenraten fielen im Rekordtempo von mehr als sechs Kindern pro Frau vor 1990 auf gerade noch 1,9 Kinder im Jahr 2010.[20] Das hängt zum einen damit zusammen, dass in der Schule Wissen über z.B. Verhütung vermittelt wird und ungewollte Schwangerschaften unter Frauen mit Schulbildung seltener sind. Vor allem aber spielt das durch Bildung erworbene Humankapital eine Rolle. Ein langwieriges Studium zu absolvieren und währenddessen weitgehend auf Einkommen zu verzichten, stellt eine Investition dar, von der man erwartet, dass sie sich in der Zukunft einmal auszahlen wird. Es wäre daher irrational, als Akademikerin nach dem Studium sechs oder mehr Kinder großzuziehen, und dadurch an einer Karriere im erlernten Beruf aller Wahrscheinlichkeit nach für längere Zeit gehindert zu werden. Dann wären nämlich die Jahre, in denen weitgehend auf Einkommen verzichtet wurde, umsonst gewesen. Während der Phase der Hochschulbildung und des Berufseinstiegs sind heutzutage zudem oft geographische Mobilität und zeitliche Flexibilität gefordert; auch sind viele Einstiegsverträge befristet (gerade im öffentlichen Dienst, darunter in Ministerien, deren Chefs dies wortreich beklagen).[21] All das führt dazu, dass junge Menschen mit guter Bildung in der Phase ihrer größten Fruchtbarkeit keine langfristigen Planungen anstellen können oder wollen und die Familienplanung oft erst wieder aufnehmen, wenn es biologisch bereits schwieriger wird.

Während oder nach dem Studium viele Kinder zur Welt zu bringen und trotzdem auf dem Arbeitsmarkt für Hochqualifizierte Fuß zu fassen, ist zwar prinzipiell möglich, aber in der Praxis aus verschiedenen Gründen meist schwer realisierbar. Die Vereinbarkeit von Beruf und Familie ist ein politisches Dauerthema, das trotz vieler politischer Initiativen weiterhin aktuell bleibt. Ein Rechtsanspruch auf KiTa-Plätze nützt nichts, solange zu wenig Plätze vorhanden sind – zumal auch in Gegenden mit besserer Betreuungssituation (etwa in den neuen Bundesländern oder Skandinavien) die Geburtenraten mittlerweile sehr niedrig sind. Und auch Geldprämien für Mütter veranlassen kaum junge Akademikerinnen, ihre Karriereplanung zu verwerfen, da Kinder- und Elterngeld trotz des im internationalen Vergleichs hohen Niveaus die Einkommenserwartungen im Beruf nicht kompensieren können. Und da mittlerweile in Deutschland mehr als 50% eines Jahrgangs ein Studium aufnehmen – in den 1960er Jahren waren es noch 5% –, sind die Fragen nach Kinderwünschen und deren beruflicher Vereinbarkeit unter Höherqualifizierten von gesellschaftlichen Randthemen zu zentralen Aspekten der Familienpolitik aufgestiegen.

Da in Deutschland der starke Rückgang der Geburtenrate um 1971 mit der Verbreitung der »Antibabypille« koinzidiert (umgangssprachlich daher oft »Pillenknick«), liegt die Hypothese nahe, dass auch die Verfügbarkeit hormoneller *Verhütungsmittel* ein wichtiger Grund für den Rückgang der Kinderzahlen darstellt. Der Zusammenhang ist sicherlich nicht von der Hand zu weisen. Andererseits unterschritt die Geburtenrate in Deutschland schon in den 1920er Jahren erstmals das bestandserhaltende Niveau. Zudem kann die Pille zwar den Rückgang der ungewollten Schwangerschaften erklären – aber warum werden immer weniger überhaupt gewollt? In Umfragen, wie viele Kinder sich Menschen »unter idealen Bedingungen« wünschen würden, geben Deutsche im Schnitt nur noch rund zwei Kinder an.[22] Da nicht alle Menschen ihren Kinderwunsch verwirklichen können – mal fehlt der richtige Partner, mal gibt es medizinische Probleme oder andere Lebensumstände –, fällt die tatsächliche Geburtenrate niedriger aus als die gewünschte (außer in Ländern, in denen unerwünschte Schwangerschaften zahlreicher sind). Das heißt: Selbst wenn Staat und Gesellschaft für eine optimale Vereinbarkeit von Familie und Beruf sorgten und üppige finanzielle Umverteilungen und andere Anreize für Eltern anböten, würden keine Geburtenraten auf oder gar oberhalb des Reproduktionsniveaus mehr erreicht werden – weil die meisten Menschen schlicht weniger Kinder möchten.

Die Frage, warum dies so ist, verweist über »harte« Fakten wie ökonomische Kosten oder Sterblichkeitsrisiken hinaus auf *veränderte kulturelle Normen und Einstellungen.* Hierzu zählt der Rückgang der Religiosität in der westlichen Welt, der häufig mit der fallenden Geburtenrate in Verbindung gebracht wird. Zahlen des Pew Research Centers aus den USA zeigen beispielsweise, dass im Jahr 2024 die vollendete Geburtenrate von selbst-identifizierten Christen mit 2,2 Kindern je Frau deutlich höher ausfiel als unter atheistischen oder agnostischen Befragten (1,5 bzw. 1,4 Kinder).[23] Aber auch popkulturelle Einflüsse können sich auf Lebensziele und Kinderwünsche auswirken. So untersuchte beispielsweise eine brasilianische Studie die Familienbilder in den Telenovelas, die seit den 1980er und 1990er Jahren im Land enorm populär waren. Sie fand heraus, dass 62% der Hauptdarstellerinnen in den untersuchten Serien als kinderlos dargestellt wurden, und selbst unter als verheiratet gezeigten Frauen hatten 75% kein oder nur ein Kind.[24] Dies stand zu dieser Zeit noch im starken Kontrast zur Realität in dem stark christlich geprägten Land, in dem je durchschnittlicher Frau noch mehr als drei Kinder geboren wurden. Die Autoren konnten aufzeigen, dass brasilianische Regionen, in denen Kabelfernsehen und somit der Zugang zu Telenovelas früher verfügbar war, einen früher einsetzenden und stärkeren Rückgang der Geburtenrate aufwiesen als andere. Die daraus folgende Annahme ist, dass eine medial konstruierte Normalität, welche Lebensentwürfe und Familienformen als »üblich« und erstrebenswert gelten, zu einer Änderung der individuellen Einstellungen des Publikums führt. Das könnte man natürlich auch auf Social Media und andere über das Internet konsumierten Inhalte in der heutigen Zeit übertragen.

Schlussendlich muss aber eingestanden werden, dass es keine gänzlich zufriedenstellende Erklärung dafür gibt, warum die Geburtenrate in so vielen Weltregionen heute deutlich unter dem bestandserhaltenden Niveau liegt. Alle genannten Faktoren haben eine gewisse statistische Erklärungskraft, warum manche Bevölkerungsgruppen, Länder oder Perioden unterschiedliche Geburtenraten aufweisen. Es lässt sich anhand von Bildungsniveau, Urbanisierung, Kindersterblichkeit und Einkommensniveau recht gut vorhersagen, auf welchem Niveau sich die Fertilität einer bestimmten Region bewegt. Aber warum bringen in Deutschland mittlerweile Frauen aller Bildungsniveaus weniger als zwei Kinder zur Welt? Warum unterscheiden sich die Geburtenraten nur marginal zwischen Landkreisen mit günstigem Wohnraum und guter Kinderbetreuungssituation einerseits und überlaufenen Städten mit hohen Mieten andererseits? Warum wurde seit 1972 sowohl in Phasen enormen wirtschaftlichen Aufschwungs als auch in Krisenzeiten, sowohl vor als auch nach Smartphone, Dating-Apps und Hochschulexpansion, nie annähernd das bestandserhaltende Niveau erreicht? Und warum sinken die Zahlen trotz staatlicher Anreize weiter, in Ländern wie Südkorea sogar unter ein Kind je Frau? Bislang haben weder Demographen das allumfassende Erklärungsmodell noch Politiker ein offensichtlich wirksames Mittel gegen den fortlaufenden Geburtenrückgang gefunden.

Ablauf des demographischen Wandels

Auch wenn die Gründe nicht vollständig geklärt sind, so folgen die durch einen Rückgang von Kindersterblichkeit und Fertilität ausgelösten Veränderungen in der Altersstruktur einer Gesellschaft gewissen, gut vorhersagbaren Gesetzlichkeiten. Der Übergang von hohen Geburtenraten bei hoher Kindersterblichkeit zu niedrigen Geburtenraten bei niedriger Kindersterblichkeit ist in Deutschland gut sichtbar (▶ Abb. 2). Die Tatsache, dass sich die Geburtenrate nicht bei den bestandserhaltenden 2,1 Kindern pro Frau einpendelt, sondern weiter zurückgeht, wird manchmal als »zweite demographische Transition« bezeichnet. Die rein demographische Theorie der Transition, die den Geburtenrückgang auf die geringere Mortalität zurückführt, aufgrund welcher zur Bestandserhaltung weniger Geburten ausreichen, kann dies wie oben dargelegt nicht erklären. Denn bei einer Geburtenrate von 1,35 Kindern pro Frau wie in Deutschland im Jahr 2024 ist jede Kindergeneration um ein Drittel kleiner als ihre Elterngeneration, und die Enkel sind nicht mal mehr halb so zahlreich wie die Großeltern.

Dauerhaft niedrige Kinderzahlen bei gleichzeitig steigender Lebenserwartung verändern den Altersaufbau einer Gesellschaft, der in der frühen Phase der Transition noch treffend als Alterspyramide bezeichnet werden kann. Beispiel Deutschland um 1900: Je Frau wurden noch gut 4,5 Kinder im Schnitt geboren, aber die Lebenserwartung lag ab Geburt bei lediglich 44 Jahren für Männer und 48 für Frauen, während 20 % aller Kinder starben, bevor sie das erste Lebensjahr erreicht hatten.[25] Daher ist die Kohorte der Neugeborenen stark besetzt, aber nach oben hin dünnen sich die Jahrgänge immer mehr aus, wie es die Grafik für die Volkszählung 1890 im Deutschen Reich zeigt (▶ Abb. 3.1). Hinzu kommt, dass die Kindersterblichkeit zwar hoch war – dennoch werden die 4,5 zur Welt gebrachten Kinder je Frau über die Zeit nicht so stark dezimiert, dass sich eine Generation nur gerade so reproduziert hätte, wie es in vormodernen Zeiten der Fall war. Stattdessen wächst die Bevölkerung stark an, da unter diesen Vorzeichen auch gut 2,9 Kinder pro Frau zur Bestandserhaltung ausgereicht hätten. Rapides Bevölkerungswachstum ist typisch für die frühe Phase des demographischen Wandels, in der die Kindersterblichkeit nicht mehr derjenigen primitiver Gesellschaften entspricht, das Reproduktionsverhalten aber noch sehr wohl.

Bei der Volkszählung 1939 zeigen sich schon die Auswirkungen des Geburtenrückgangs der 1920er Jahre, als die Geburtenraten auch schon zeitweilig unter das bestandserhaltende Niveau gefallen waren (vgl. die untere Grafik ▶ Abb. 3.1). Auch ohne den Knick, den der Erste Weltkrieg hinterlassen hat (hier in der Zahl der 20- bis 24-Jährigen), ist erkennbar, dass die Kinderzahl nicht mehr so dominant ist wie vor Beginn der demographischen Transition. Stattdessen sind die 30- bis 34-Jährigen die stärkste Kohorte, gefolgt von den 25- bis 29-Jährigen. Schon damals rief die demographische Entwicklung Panik bei vielen Zeitgenossen hervor. Insbesondere während der Zeit des Nationalsozialismus warnten Demographen wie Friedrich Burgdörfer vor dem »Volkstod«.[26] Übrigens wurde auch schon während der NS-Zeit die Gefahr eines demographisch bedingten Fachkräftemangels beschworen. So schreibt das Statistische Reichsamt im Jahr 1940 über die »Folgen des Geburtenrückgangs vor 1933«: »Hieraus erklärt sich u. a. auch der in den letzten Jahren fühlbare

Nachwuchsmangel bei allen Berufen, die eine lange Schul- und Fachausbildung verlangen.«[27]

Deutschland befand sich 1939 hinsichtlich des demographischen Übergangs an einem kritischen Punkt: Die Zahl der Kinder lag unter jener der Eltern, während die Großelterngeneration wiederum noch sehr klein war. Ökonomen nennen diese Konstellation die »demographische Dividende«: Der Anteil der Menschen im erwerbsfähigen Alter ist historisch hoch, der Abhängigkeitsquotient – also die Summe der Kinder und Rentner je Erwerbsfähigem – entsprechend niedrig. Die Altersstruktur wird dominiert von jungen Berufseinsteigern, die zuhause nur wenige Familienmitglieder zu versorgen haben, und zusammen mit Verbesserungen im Bildungssystem kann dies ein Rezept für Wirtschafts- und Innovationswachstum und gefüllte Staatskassen sein – oder aber auch für politische Instabilität, wenn die vielen jungen Menschen mit geringen familiären Verpflichtungen keine sinnvollen Tätigkeiten finden. In Deutschland wurde die »demographische Dividende« damals an der Ostfront verheizt. Länder wie Iran oder Tunesien befinden sich heute in einer ähnlichen demographischen Situation. Dort wird es in den kommenden Jahren eine der größten Herausforderungen sein, den vielen gut gebildeten und vergleichsweise kinderarmen jungen Menschen einen ihren Ansprüchen angemessenen Lebensstil zu bieten. Davon wird abhängen, ob sich die »demographische Dividende« dort produktiv oder eher destruktiv auswirken wird.

Heute dominieren in Deutschland längst nicht mehr die Jüngeren die Alterspyramide. Nach über 40 Jahren dauerhaft niedrigen Geburtenraten waren 2015 die Jahrgänge der unter 40-Jährigen weit schwächer besetzt als die zu Babyboom-Zeiten geborenen 50- bis 65-Jährigen (vgl. die obere Grafik ▶ Abb. 3.2). Im Verlaufe des demographischen Wandels kommt es nun zur für einen umverteilungsfinanzierten Sozialstaat besonders kritischen Phase, denn die starken Jahrgänge der 1950er und 1960er Jahre treten nach und nach in den Ruhestand ein und weit weniger zahlreiche Kohorten rücken ins erwerbsfähige Alter nach.

Aber auch diese Umbruchsphase ist irgendwann vorbei, und im deutschen Fall werden die ab etwa 2035 ins Rentenalter ausscheidenden Jahrgänge nur noch geringfügig stärker sein als die nachrückenden Jungen, da die neuen Rentner dann schon ebenfalls zu Zeiten sehr niedriger

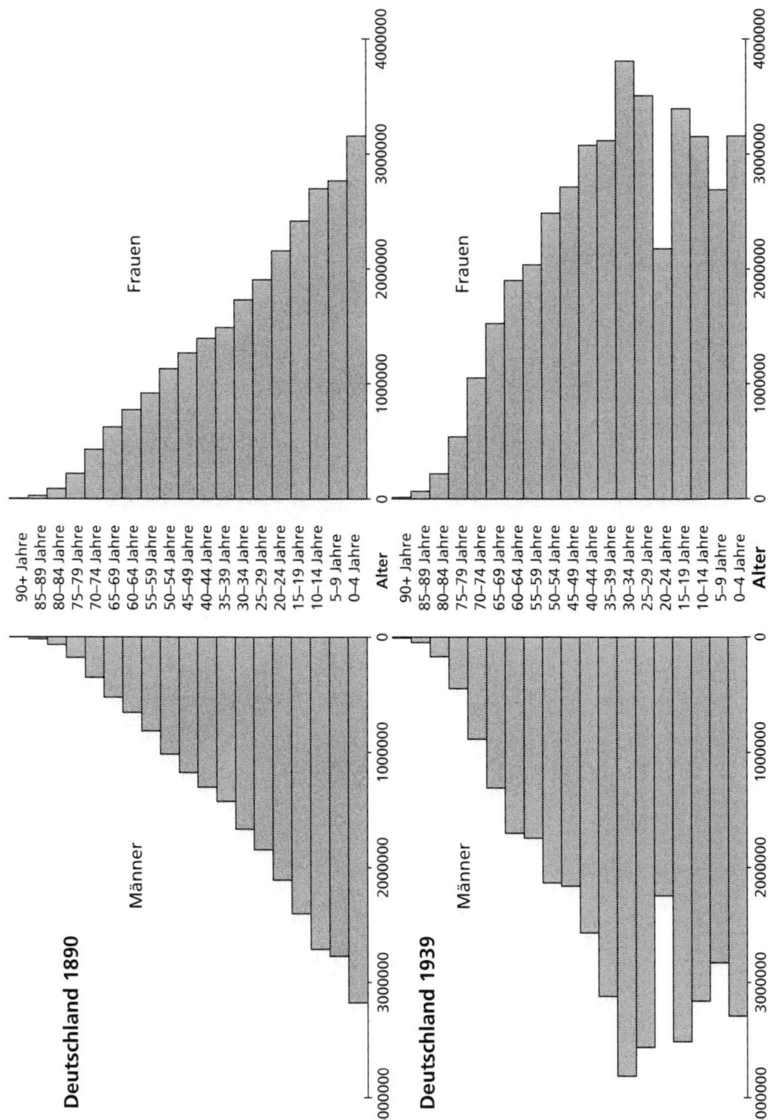

Abb. 3.1: Altersaufbau in Deutschland 1890 und 1939.

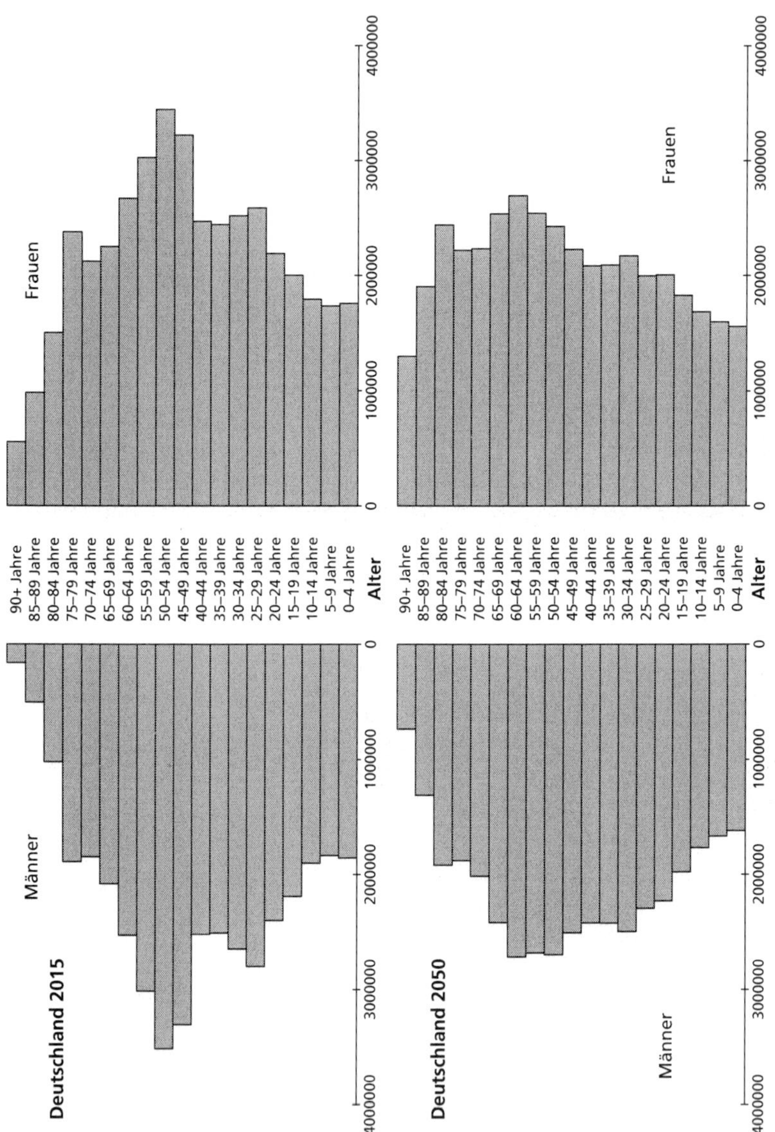

Abb. 3.2: Altersaufbau in Deutschland 2015 und 2050 (Projektion bei konstanter Geburtenrate, leicht steigender Lebenserwartung sowie 200 000 Nettozuwanderern im Jahr).

Geburtenraten von lediglich 1,4 Kindern pro Frau geboren worden sein werden. Der Altersaufbau für 2050 zeigt deutlich, dass die Altersverteilung dann gleichmäßiger sein wird und das Verhältnis von Älteren zu Erwerbsfähigen sich auf höherem Niveau stabilisiert hat, aber nicht mehr weiter ansteigen (sondern sogar wieder leicht zurückgehen) wird. Eine der drängendsten Herausforderungen wird daher die Pflege der zunehmenden Zahl der Hochbetagten sein. Bleibt es auch in Zukunft, wie für die untere Alterspyramide in Abbildung 3 unterstellt, bei den heutigen 1,4 bis 1,5 Kindern je Frau, geht die Bevölkerungszahl ohne ausreichend hohe Zuwanderung außerdem ab ca. 2035 langsam zurück. Die Szenarien hierfür werden im Folgenden genauer beleuchtet.

2.2 Die zukünftige Bevölkerungsentwicklung in Deutschland

Mit Grauen stellte sich Günther Grass 1980 in seinem Buch *Kopfgeburten oder: Die Deutschen sterben aus* vor, was passiert wäre, wenn sich die deutsche Bevölkerung so vermehrt hätte wie die chinesische. Dann wären allein die Sachsen und Schwaben auf je über 100 Millionen angewachsen, so Grass. Aber bekanntermaßen kam es nicht dazu, stattdessen starben in der Bundesrepublik seit 1973 in jedem einzelnen Jahr mehr Menschen, als Kinder geboren wurden (▶ Abb. 4). Durch diese weltweit einmalige Serie wäre Deutschland schon seit über 50 Jahren auf natürlichem Wege geschrumpft, aber die Zuwanderung glich dies bislang aus. Das kumulierte Geburtendefizit von 1973 bis 2024 beträgt 7,1 Millionen. Dem stehen im selben Zeitraum unterm Strich Zuzüge von 12,5 Millionen Ausländern und 1,8 Millionen Deutschen (darunter viele Spätaussiedler) gegenüber. Allein zwischen 2014 und 2024 wäre Deutschland auf natürlichem Wege um 2,4 Millionen Menschen geschrumpft. Aber eine Nettozuwanderung von 6,4 Millionen Menschen machte diese Entwicklung wieder mehr als wett. Seit im Jahr 2016 die Erhebungsmethode geändert wurde, rückt überdies auch das Thema Abwanderung wieder mehr in den Fokus. Zwischen 2016 und 2024 wanderten netto 670 000 Deutsche ins Ausland. Da es sich mehrheitlich um Personen im erwerbsfähigen Alter handelt, noch dazu häufig mit guter Ausbildung, beeinflusst auch diese Art der Migration die demographische Alterung sowie das Thema Fachkräftemangel.

Zukünftige Entwicklung der Gesamtbevölkerungszahl Deutschlands

Wie wird sich die Bevölkerungszahl Deutschlands in der nahen Zukunft entwickeln? Vorhersagen sind bekanntlich immer ungewiss, aber über Deutschlands demographische Zukunft herrschte lange Zeit Einigkeit: Dass Deutschland im 21. Jahrhundert stark schrumpfen werde, galt als Binsenweisheit.[28] Die Geburtenrate verharrte in der Bundesrepublik seit 1973 unter 1,5 Kindern pro Frau, sodass jede nachfolgende Generation mehr als ein Viertel kleiner als ihre Elterngeneration ist. Ab einem gewissen Punkt, so waren sich Demographen einig, wird diese immer größer werdende Geburtenlücke auch durch Zuwanderung nicht mehr ausgeglichen werden können. Ab Mitte der 1990er Jahre bis etwa 2011 trugen niedrige Migrationszahlen (▶ Abb. 4) zusätzlich dazu bei, dass ein zukünftiger Anstieg der Bevölkerung unplausibel erschien.

In den 2010er Jahren änderte sich dies bekanntlich, und eine hohe Neuzuwanderung aus den ost- und südosteuropäischen EU-Staaten, seit 2015 aus Syrien, Afghanistan und dem Irak, und im Jahr 2022 aus der Ukraine sorgte für Bevölkerungszuwächse. Im Jahr 2016 erfolgte zudem erstmals seit 45 Jahren wieder ein Anstieg der Geburtenrate auf fast 1,6 Kinder je Frau, aber nach Ende der Corona-Pandemie hatte sich dies wieder umgekehrt. In Verbindung mit den starken Schwankungen bei der Zuwanderung in den letzten Jahren führt dies zu einer größeren Unsicherheit, wie sich die Bevölkerungszahl langfristig entwickeln wird.

Kann man die zukünftige Bevölkerungszahl und -struktur also überhaupt seriös prognostizieren? Hierzu gibt es zwei klare Befunde: Einerseits haben sich insbesondere zukünftige Migrationsbewegungen als kaum vorhersehbar herausgestellt.[29] Für eine inhaltlich begründete Vorhersage,

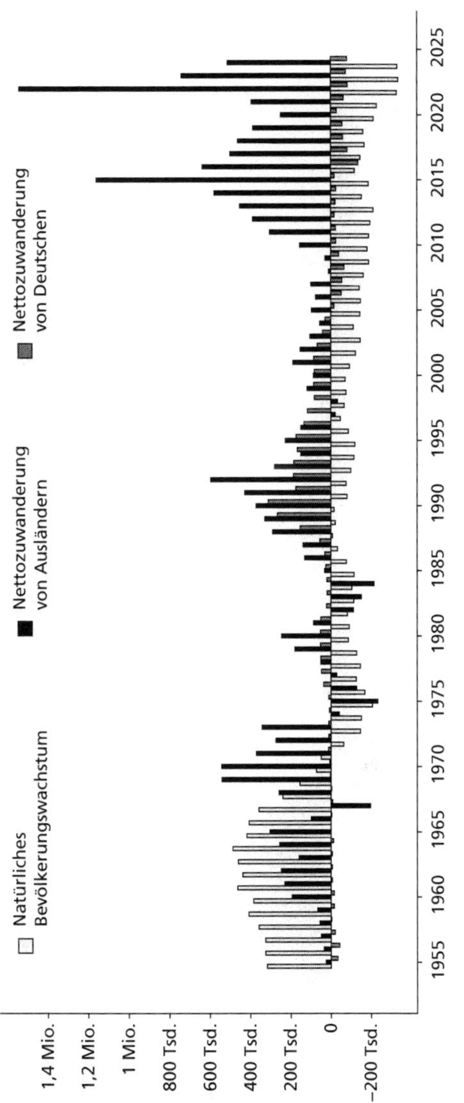

Abb. 4: Natürliches Bevölkerungswachstum (Geburten minus Sterbefälle) und Nettozuwanderung von Deutschen und Ausländern nach Deutschland, 1955–2024 (bis 1989 beziehen sich die Migrationszahlen nur auf Westdeutschland).

wie viele Menschen etwa 2040 nach Deutschland wandern, müsste man schließlich auch die Ursachen von Wanderungsbewegungen (z. B. wirtschaftliche Entwicklungen, Kriege und Konflikte, restriktive vs. liberale Reformen der Migrationspolitik) in die Zukunft prognostizieren. Die statistische Unsicherheit potenziert sich dadurch und es ergibt sich kein Mehrwert in der Vorhersagegenauigkeit im Vergleich mit rein stochastischen Simulationen. Andererseits sind demographische Hochrechnungen trotz dieser Unsicherheiten immer noch deutlich verlässlicher als etwa wirtschaftliche oder politische. Das liegt an der Trägheit der Demographie: Die Mütter der in 10 Jahren geborenen Kinder leben heute schon, und sollten keine historisch präzedenzlosen Migrationswellen oder Sterbezahlen auftreten, so lässt sich der Korridor, in dem sich die Bevölkerungsentwicklung wahrscheinlich bewegen wird, recht gut berechnen.

Genau dies lässt sich auch grafisch darstellen (▸ Abb. 5). Die Abbildung zeigt Vorhersagen der zukünftigen Einwohnerzahl Deutschlands, die auf einer Vielzahl von Simulationen der zukünftigen Fertilität, Mortalität und Migration basieren. Die Simulationen spielen viele verschiedenen Szenarien durch, die sich im Rahmen der in den letzten Jahrzehnten beobachteten Parameter bewegen. So gibt es Varianten, in denen sich die hohe Zuwanderung der Jahre 2015 und 2022 auch in der Zukunft noch mehrmals wiederholt – schließlich wird es auch künftig politische und humanitäre Krisen geben, und eine liberale migrationspolitische Reaktion darauf ist grundsätzlich denkbar. Gleichwohl sind auch Varianten enthalten, in denen die Zuwanderung wieder auf die Größenordnung der 2000er Jahre zurückgeht. Analog hierzu verhält es sich mit der zukünftigen Entwicklung von Geburtenraten und Lebenserwartung.

Die Ergebnisse können wie folgt interpretiert werden: Die durchgezogene Linie stellt für die zukünftige Entwicklung die Median-Vorhersage dar, also den mittleren Wert der nach Größe angeordneten Simulationen. Der Trend zeigt nach einem Anstieg bis etwa 2035 im Mittel wieder leicht nach unten, aber nicht in dramatischem Ausmaß. In der Hälfte aller Simulationen liegt die Einwohnerzahl im Jahr 2050 über 80 Millionen. Die immer größer werdenden Vorhersageintervalle deuten eine wachsende Unsicherheit an, je weiter die Prognose in die Zukunft reicht. Auch ein weiterer Anstieg der Bevölkerung ist demnach durchaus im Bereich des Möglichen. Eine »Entvölkerung« steht dagegen nach momentanem

Kenntnisstand nicht an, sondern eher eine weitgehende Stabilität mit leichter Tendenz nach unten ab 2040. Diese Ergebnisse decken sich weitestgehend mit anderen aktuellen Prognosen.[30]

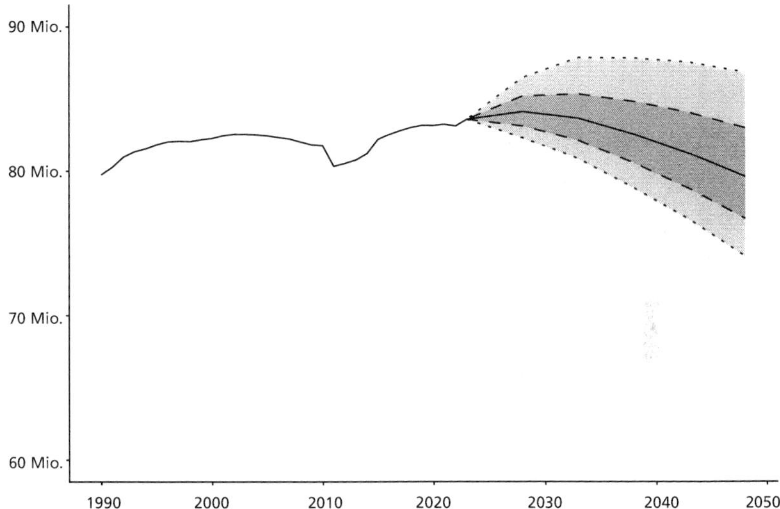

Abb. 5: Entwicklung der Gesamtbevölkerung Deutschlands bis 2050 (vergangene Werte ab 2011 auf Basis des Zensus 2011, ab 2022 auf Basis des Zensus 2022) und Prognosen zukünftiger Entwicklung.

Es deutet also einiges darauf hin, dass sich die Einwohnerzahl Deutschlands nicht drastisch verändern wird. Diese Schlussfolgerung beruht auf den oben gezeigten Prognosen, die aus den Vergangenheitswerten gelernt hatten – und seit 1972 hat sich die Geburtenrate bekanntlich kaum bewegt (▶ Abb. 2). Folglich ist in keiner Simulation die Möglichkeit enthalten, dass die Geburtenrate plötzlich wieder auf das bestandserhaltende Niveau steigt. Was aber, wenn das doch (mit bis dato ungekannten Mitteln) erreicht würde?

Das wird im Folgenden untersucht anhand von Projektionen der Gesamtbevölkerungszahl, in denen die Geburtenrate bis 2050 auf 1,6, 1,7 oder gar 2,0 Kinder pro Frau ansteigt (▶ Abb. 6). Mit dem Begriff »Projektion« ist gemeint, dass es sich um eine deterministische Fortschreibung der Bevölkerungsstruktur mit konstant gehaltenen Parametern wie Lebenserwartung oder Migration handelt (statt variabler Parameter wie in Abbildung 5). Den dargestellten Modellrechnungen liegen die Annahmen zugrunde, dass jährlich 200 000 Menschen netto nach Deutschland zuwandern mit konstanter Geschlechts- und Altersverteilung, dass die Migranten sich in ihren Geburtenraten unmittelbar den Einheimischen angleichen und dass die geschlechts- und altersspezifischen Überlebensraten (wie es die meisten Experten und auch das Statistische Bundesamt erwarten) bis 2050 weiterhin linear leicht ansteigen.[31] Diese Annahmen können sich natürlich als irrig herausstellen; der Sinn dieser Modellrechnungen ist es nicht, punktgenaue Vorhersagen zu treffen, sondern aufzuzeigen, wie sich die Variation eines der Parameter (hier: der Geburtenrate) auswirkt, wenn die anderen konstant gehalten werden. Im anschließenden Abschnitt werden verschiedene Szenarien für die Zuwanderung dargelegt. Variationen der zukünftigen Entwicklung der Lebenserwartung werden hier vernachlässigt, weil die Lebenserwartung – im Gegensatz zu Geburten und Migration – größtenteils außerhalb des Einflusses der Politik ist und hier untersucht werden soll, inwieweit verschiedene Zielgrößen der Familien- und Migrationspolitik den Verlauf des demographischen Wandels beeinflussen können.

Aus Abbildung 6 wird ersichtlich, dass die Gesamtbevölkerung Deutschlands bei fortdauernd niedriger Geburtenrate (1,3 Kinder pro Frau, d. h. etwa das Niveau von 2024) auch mit 200 000 Zuwanderern pro Jahr – vom Statistischen Bundesamt in den offiziellen Prognosen lange als »hohe« Zuwanderungsvariante bezeichnet – bis 2050 leicht zurückgehen würde auf dann noch etwa 77 Millionen Menschen. Dass die Migrationszahlen der letzten Jahre viel höher ausfielen, ist bekannt und wird noch näher beleuchtet (▶ Kap. 2.3). Ohne diese in Abbildung 6 unterstellten gut fünf Millionen zusätzlichen Migranten bis 2050 und ihre in diesem Zeitraum zur Welt gebrachten Kinder würde die Gesamtbevölkerungszahl entsprechend noch stärker zurückgehen. Falls die Geburtenrate dauerhaft wieder auf das Niveau von 2016 (knapp 1,6 Kindern je Frau) oder gar auf 1,7 Kinder je Frau ansteigt, fällt der Bevölkerungsrückgang auf 80,5 bzw. 81,6 Millionen Menschen gegenüber 2024 nur noch minimal aus. Bei einer Steigerung auf 2,0 Kinder pro Frau, was im Jahr 2024 kein westliches Land erreicht hatte, würde die Bevölkerung sogar ansteigen und 2050 85 Millionen betragen.

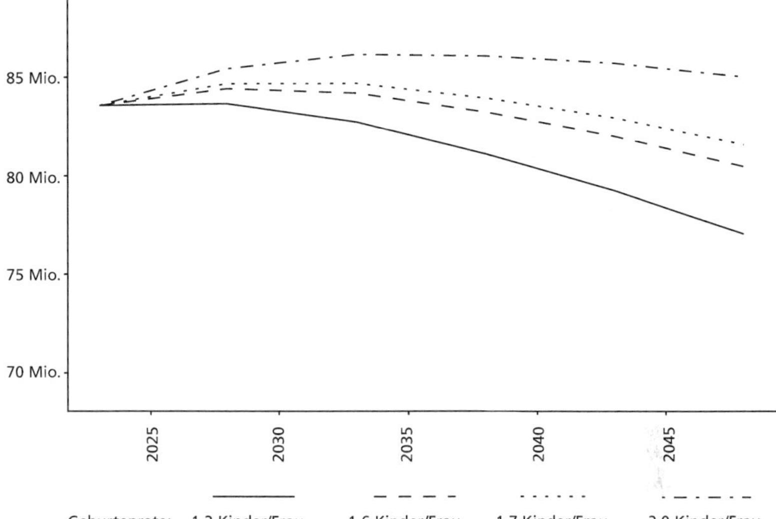

Abb. 6: Entwicklung der Gesamtbevölkerung Deutschlands bis 2050 in Abhängigkeit von der zukünftigen Geburtenrate (jährliche Nettozuwanderung = 200 000, leichter Anstieg der Lebenserwartung).

Falls also oberstes Ziel der Demographiepolitik sein sollte, die Bevölkerungszahl Deutschlands hoch zu halten, wären auch geringfügig erscheinende Steigerungen der Geburtenraten ein probates Mittel. Der Unterschied zwischen 1,3 und 1,6 Kindern pro Frau macht bis 2050 3,5 Millionen Menschen aus, also in etwa die Einwohnerzahl Berlins, um die Deutschland schrumpft oder eben nicht. Da zwischen 2016 und 2021 diese 1,6 Kinder je Frau fast erreicht worden waren, erscheint dies nicht im Bereich des Unmöglichen.

Entwicklung des Altenkoeffizienten

Die entscheidende Frage ist allerdings, ob man damit wirklich den »demographischen Wandel« bekämpft. Dessen zentrale Herausforderung für die Sozialsysteme in Deutschland stellt weniger die Gefahr eines leichten Rückgangs der Gesamtbevölkerung dar, als vielmehr der in den nächsten

Jahren erfolgende abrupte Anstieg des Quotienten von Rentnern zu Erwerbsfähigen. Diese Entwicklung ist allerdings unvermeidlich, will man die zivilisatorischen Fortschritte bei der Reduktion der Sterblichkeit nicht rückgängig machen (und das Renteneintrittsalter nicht immer stärker in die Höhe schrauben).[32] Denn bei der gegebenen Bevölkerungsstruktur Deutschlands würden selbst heutige starke Steigerungen der Geburtenrate den relativen Anstieg der mindestens 65-Jährigen nicht verhindern. Anders als in den 1920er Jahren, als die Geburtenzahlen auch schon niedrig waren, aber die durchschnittliche Lebenserwartung bei gerade 57 Jahren lag, bleibt heute ein Geburtsjahrgang fast in seiner ursprünglichen Stärke bis ins Rentenalter bestehen: Rund 90 % aller Frauen erleben in Deutschland mittlerweile das 65. Lebensjahr. Dort angekommen, dürfen sie mit noch rund 20 Lebensjahren rechnen, das ist ein Drittel mehr als noch 1970. Schon allein deshalb wird sich die Zahl der Senioren in Zukunft erhöhen. Der steile Anstieg zwischen 2025 und 2035 kommt darüber hinaus vor allem dadurch zustande, dass in dieser Zeit die in den 1960er Jahren zur Welt gekommenen »Babyboomer« in den Ruhestand treten und nur gut halb so starke jüngere Jahrgänge ins erwerbsfähige Alter nachrücken.

Dieses Missverhältnis ist derart ausgeprägt, dass selbst ein steiler Anstieg der Geburtenrate nicht verhindern könnte, dass im Jahr 2050 mehr Ältere auf einen Erwerbsfähigen kommen als heute. Wir können das Verhältnis der Über-64-Jährigen zu den 20- bis 64-Jährigen bis 2050 je nach zukünftiger Geburtenrate fortschreiben (► Abb. 7). Zunächst ist dabei klar, dass ein heutiger Anstieg der Geburtenrate erst in zwei Jahrzehnten Auswirkungen auf die Zahl der Erwerbsfähigen haben wird. Der steile Anstieg des Altenkoeffizienten bis zum Jahr 2035 wird also unabhängig davon stattfinden, wie viele oder wenige Kinder in den nächsten Jahren geboren werden. Allerdings wird dieser Anstieg ab dem Jahr 2035 wieder stark abflachen, denn ab diesem Zeitpunkt scheiden die nach dem »Pillenknick« geborenen, kleineren Kohorten ins Rentenalter aus und die jüngeren Nachrücker sind nicht wesentlich weniger zahlreich.

Im Jahr 2023 versorgten statistisch gesehen 2,5 Erwerbsfähige einen Ruheständler, 2035 werden es nur noch 1,9 sein. Ob ab heute 1,3 oder aber 1,6 oder sogar 2,0 Kinder pro Frau geboren werden, wird sich bis 2050 kaum im Altenkoeffizienten niederschlagen, wenn andere Faktoren wie

Lebenserwartung und Zuwanderung konstant gehalten werden. Anstatt 0,55 Rentner pro Erwerbsfähigem (bei einer Geburtenrate von 1,3 Kindern) kämen bei zwei Kindern pro Frau Mitte des Jahrhunderts 0,53 Rentner auf einen Erwerbsfähigen.

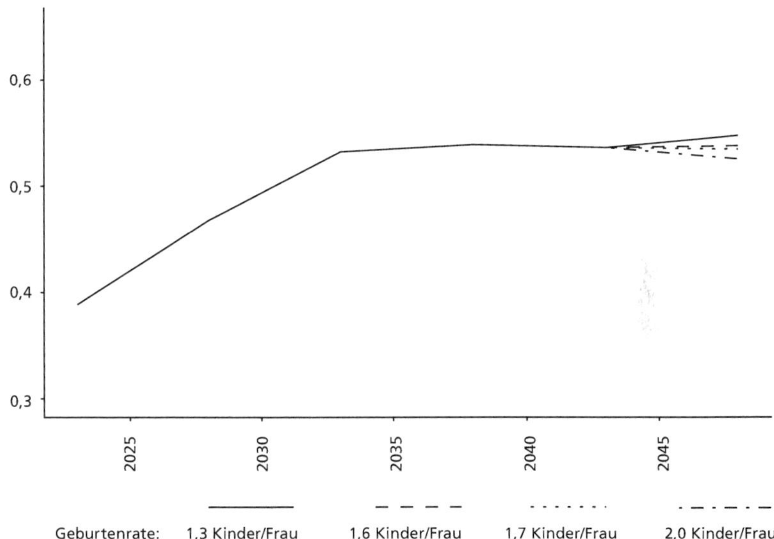

Abb. 7: Entwicklung des Altenquotienten (Zahl der Über-64-Jährigen im Verhältnis zu den 20- bis 64-Jährigen) bis 2050 in Abhängigkeit von der zukünftigen Geburtenrate (jährliche Nettozuwanderung = 200 000, leichter Anstieg der Lebenserwartung).

Der Altenkoeffizient ist eine gerne verwendete Maßzahl, um die Dynamik des demographischen Wandels zu verdeutlichen. Oft vergessen wird in diesem Zusammenhang aber, dass nicht nur die Alten in der Regel Transferleistungsempfänger sind und staatliche Kosten verursachen, sondern natürlich auch Kinder und Jugendliche. Nicht unerwähnt soll daher an dieser Stelle bleiben, dass eine Steigerung der Kinderzahl – so wünschenswert diese unter vielerlei Gesichtspunkten auch sein kann – zusätzliche Kosten etwa bei Kinderbetreuung und Bildung nach sich zieht. Natürlich muss auch beachtet werden, dass nicht alle im »erwerbsfähigen« Alter tatsächlich erwerbstätig sind, und nicht alle Jüngeren und Älteren Transferleistungen beziehen. Aber in der Regel fließt das Geld in einem umlagefinanzierten Sozialsystem wie dem deutschen von den Menschen zwischen 20 und 64 zu den Jüngeren und Älteren.

Zusammenfassend lässt sich konstatieren: Über eine höhere Geburtenrate die bevorstehende demographische Krise des Rentensystems zu lösen – dafür ist es mindestens 20 Jahre zu spät. Würde es heute gelingen, über entsprechende Anreize die Geburtenrate dauerhaft zu steigern, würde der Effekt auf die Altersstruktur erst einsetzen, wenn die »Babyboomer« schon lange im Ruhestand sind. Es gibt viele gute Gründe, trotzdem zu versuchen, nach 50 Jahren eine Trendwende bei den Geburtenraten einzuleiten (in dem Maße wie von den Menschen gewünscht), indem etwa jungen Menschen die Vereinbarung von Familie und Erwerbsleben erleichtert wird oder die Abgabenlast von Eltern spürbar reduziert wird. Das würde sich deutlich auf die langfristige Gesamtbevölkerungszahl auswirken – allerdings kaum auf die akuten Herausforderungen des Rentensystems in den kommenden Jahrzehnten. Und am Ende steht weiterhin der Befund: Die Mehrheit müsste eine höhere Kinderzahl auch wollen.

2.3 Der Einfluss der Migration

Migration ist die große Unbekannte in demographischen Prognosen. Wenn man Migration ausklammert, sind selbst Vorhersagen über Bevölkerungszahlen, die Jahrzehnte in die Zukunft reichen, oft erstaunlich präzise. Im Jahre 1957 prophezeiten die Vereinten Nationen beispielsweise ein Anwachsen der Weltbevölkerung (Migration ist hierbei unerheblich) von damals 2,8 Milliarden auf 6,28 Milliarden Menschen bis zum Jahr 2000 – diese vorhergesagte, für Zeitgenossen wohl kaum vorstellbare Steigerung der Bevölkerungszahl ist ziemlich exakt so eingetroffen. Auch die heutigen sogenannten probabilistischen Prognosen für die nächsten zwei bis drei Jahrzehnte kommen mit verhältnismäßig geringen Spannbreiten für die als wahrscheinlich erachteten Entwicklungspfade aus.

Das liegt daran, dass die Eltern der in 20 Jahren zur Welt kommenden Kinder schon heute (größtenteils) geboren sind, man also deren Jahrgangsstärken schon recht gut kennt, und dann auch die Anzahl der Kinder in Abhängigkeit der Geburtenzahl pro Frau, die sich global gesehen in der Regel nicht schlagartig ändert, recht gut schätzen kann. Lokal begrenzte, abrupte Änderungen bei der Geburten- oder Sterberate (z. B. durch Kriege) sowie unerwartete Änderungen in den prognostizierten Langzeittrends, also etwa der starke Geburtenrückgang in Ländern wie dem Iran, oder das nur zögerliche Eintreten des erwarteten Geburtenrückgangs in anderen Ländern, wie beispielsweise dem Tschad, gleichen sich global gesehen in der Regel aus. Lediglich auf längere Sicht (z. B. bis zum Jahr 2100) sind unerwartete Trendwenden in ganzen Weltregionen mit großen Abweichungen von den Vorhersageszenarien wahrscheinlich (die zukünftige Fertilität in Subsahara-Afrika ist hier der größte Unsicherheitsfaktor).

Anders sieht es mit demographischen Vorhersagen auf nationaler oder regionaler Ebene aus. Diese müssen wegen des Faktors Migration häufig alle paar Jahre grundlegend revidiert werden. Bei der Zu- und Abwanderung treten oft gewaltige Schwankungen in kürzester Zeit auf, die sich schwer vorhersagen lassen, weil sie von einer Vielzahl nicht kalkulierbarer Einflüsse, wie etwa der wirtschaftlichen und politischen Entwicklung oder der Sicherheitslage in verschiedenen Weltregionen, abhängen. So verzeichnete das Statistische Bundesamt 2008 noch mehr Fort- als Zuzüge nach Deutschland, und nur sieben Jahre später wurde die stärkste Zuwanderung in der Geschichte der Bundesrepublik registriert, die dann mit Beginn des Ukrainekriegs nochmals übertroffen wurde (▶ Abb. 4).

Dazwischen lagen viele von den meisten Experten so nicht erwartete Entwicklungen: Der Boom auf dem deutschen Arbeitsmarkt nach der Wirtschaftskrise 2008, der »arabische Frühling« und dessen gewalttätiges Ende in Ländern wie Syrien, die Flüchtlingspolitik der deutschen Regierung und der faktische Zusammenbruch des Dublin-Abkommens in der EU sowie die Folgen der unbeschränkten Arbeitnehmerfreizügigkeit aus den osteuropäischen EU-Mitgliedsstaaten nach Deutschland seit 2011 bzw. 2014. Die häufig kontrovers diskutierte Frage, wie sich der Anteil Zuwanderer, ethnischer oder religiöser Minderheiten in der Zukunft entwickeln wird, wird dabei hier nicht umfassend erörtert,[33] sondern das

Thema rein aus demographischer Perspektive betrachtet. Folglich werden unter Migranten bzw. Zu- oder Auswanderern Personen verstanden, die ihren festen Wohnsitz bis auf weiteres nach Deutschland bzw. von dort weg verlegen, unabhängig von Geburtsort oder ethnischem Hintergrund.[34] Damit soll keineswegs suggeriert werden, die zukünftige Höhe der Migration habe abgesehen von Bevölkerungszahl und Altersstruktur keinerlei gesellschaftliche Auswirkungen. Schließlich hatten im Jahr 2023 schon rund 40% aller Kinder in Deutschland eine sogenannte Migrationsgeschichte, waren also selbst im Ausland geboren oder hatten mindestens ein zugewandertes Elternteil. Je höher die Neuzuwanderung in der Zukunft ausfallen wird, desto größer dürften die Herausforderungen rund um Themen wie Spracherwerb oder interkultureller Zusammenhalt werden. Die Integration von Migranten und deren Kindern in Schulen und den Arbeitsmarkt wird wohl auf Jahrzehnte hin eine der zentralen gesellschaftlichen Fragen bleiben, die an dieser Stelle aber nicht näher diskutiert wird.

Wie hoch wird die Zuwanderung in Zukunft ausfallen?

Wird es überhaupt in Zukunft zu nennenswerter Zuwanderung kommen, oder wird Deutschland wie schon 2008/2009 wieder zum Auswanderungsland? Inzwischen liegen ausgefeilte statistische Methoden zur Vorhersage zukünftiger Migrationsströme vor, die sich auf große Datenmengen und viele Experteneinschätzungen stützen können. Dennoch liefern sie häufig kaum bessere Prognosen als noch vor 30 Jahren.[35] Beispielsweise traf ein EU-weites Projekt renommierter Demographen im Jahr 2007 Vorhersagen zur zukünftigen Migration nach Europa und kam dabei für Deutschland auf eine Migrationsrate, die sich bis zum Jahr 2049 mit 80 prozentiger Wahrscheinlichkeit zwischen - 80000 und + 630000 Zuwanderern netto pro Jahr bewegen werde.[36] Auf 40 Jahre hochgerechnet hieße das, die Zahl der Zuwanderer in Deutschland könnte sich von damals 11 auf 35 Millionen verdreifachen oder auch auf 8 Millionen zurückgehen. Dass irgendetwas dazwischen eintreten wird, ist zwar plausibel, aber vom Informationsgehalt her wie eine Wettervorhersage, es werde bald 10 °C kälter oder auch 25 °C wärmer. Aber da derartige Prognosen auf den real massiv schwankenden Beobachtungswerten aufbauen, müssen sie zwangsmäßig sehr ungenau bleiben.

Daher sollte man auch punktgenauen Prognosen zukünftiger Migrationsbewegungen mit Misstrauen begegnen, die häufig mehr aus der politischen Agenda erwachsen denn auf empirischer Erkenntnis fußen. Das betrifft etwa Mutmaßungen über die Höhe des zu erwartenden Familiennachzugs kürzlich zugewanderter Flüchtlinge, die je nach politischem Standpunkt Alarmismus oder Beschwichtigung verbreiten sollen und zumeist aus der Luft gegriffen wirkende hohe oder aber unplausibel niedrige Zahlen nennen. In der Vergangenheit haben sich solche Vorhersagen dementsprechend oft als weit von der Realität entfernt erwiesen.

Auch die Experten liegen in ihren Annahmen oft daneben. So wurden noch 2007 im oben zitierten EU-Projekt von Maarten Alders und Kollegen die im Schnitt eher niedrig angesetzten Migrationsprognosen für Deutschland unter anderem damit begründet, die Zeiten nennenswerten Flüchtlingszuzugs nach Deutschland seien wohl vorbei. Das hatte sich kurze Zeit später bekanntlich als große Fehleinschätzung erwiesen. Dagegen wurde beispielsweise der Zuzug aus den 2004 und 2007 der EU beigetretenen mittel- und osteuropäischen Staaten nach Deutschland zunächst häufig überschätzt. Forscher des bei der Bundesagentur für Arbeit angesiedelten Instituts für Arbeitsmarkt- und Berufsforschung gingen beispielsweise davon aus, dass die Zuwanderung aus diesen Ländern unmittelbar nach deren Beitritt zunächst hoch ausfallen, bis 2015 aber fast vollständig abflachen werde.[37] Tatsächlich kam es aber genau umgekehrt: In den Krisenjahren 2008 und 2009 lag beispielsweise die Nettozuwanderung aus Polen fast bei null, stieg aber bis 2013 auf einen Wert von rund 70 000 pro Jahr. Allerdings fiel die polnische Migration trotz der guten wirtschaftlichen Konjunktur in Deutschland schon vor der Corona-Krise im Jahr 2019 wieder fast auf null zurück und lag 2024 sogar im negativen Bereich.

Welchen Einfluss hat Migration auf die zukünftige Bevölkerung?

Wie hoch die Zuwanderung in Zukunft ausfallen wird, ist folglich noch völlig unklar. Aber gerade die Höhe der Zuwanderung wird darüber entscheiden, ob die Bevölkerung in Deutschland in Zukunft wächst oder schrumpft, denn ohne Neuzuwanderung würde die Einwohnerzahl selbst dann von 83,5 Millionen im Jahr 2024 auf etwa 79 Millionen im Jahr 2050 abnehmen, wenn die Geburtenrate auf 2,0 Kinder pro Frau ansteigen würde. Bei einer jährlichen Nettozuwanderung von mehr als 300 000 Menschen (wie etwa im Jahr 2012) würde die Gesamtbevölkerung Deutschlands dagegen bis 2050 selbst dann nicht schrumpfen, wenn die Geburtenrate in Zukunft bei 1,5 Kindern pro Frau stagnierte. Weil das Statistische Bundesamt es während der 2000er Jahre nicht mehr für realistisch gehalten hatte, dass auf lange Sicht so viele Menschen nach Deutschland kommen könnten, rechneten die offiziellen Prognosen in ihrer »hohen« Variante mit maximal 200 000 Migranten pro Jahr. Zwischen 2012 und 2024 lag das durchschnittliche Wanderungsplus allerdings sogar bei mehr als 500 000 pro Jahr. Falls sich dies langfristig fortsetzen sollte, könnten im Jahr 2050 sogar fast 88 Millionen Menschen in Deutschland leben. Die entsprechenden Entwicklungspfade sind unten dargestellt (► Abb. 8).

Sowohl über mehr Geburten als auch über mehr Migration lässt sich also die zukünftige Einwohnerzahl in signifikantem Maße steuern. Wie oben dargelegt, ist die große Herausforderung des demographischen Wandels für das umlagefinanzierte Rentensystem in Deutschland aber eher nicht die Entwicklung der absoluten Einwohnerzahl, sondern der starke Anstieg der Senioren im Verhältnis zur erwerbsfähigen Bevölkerung in den kommenden Jahren. Auch die Entwicklung des Altenquotienten bis 2050 lässt sich in Abhängigkeit von der jährlichen Neuzuwanderung prognostizieren (► Abb. 9). In allen Varianten steigt dieser Quotient bis 2035 steil an, was sich wie erläutert durch das massive Missverhältnis zwischen den starken »Babyboomer«-Kohorten aus den 1950er und 1960er Jahren, die bis dahin in den Ruhestand treten, und ihren viel weniger zahlreichen Nachfolgern erklärt.

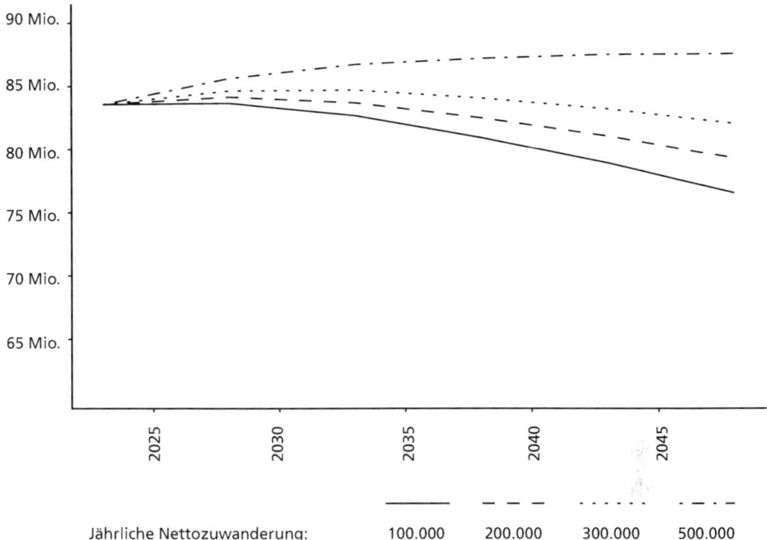

Abb. 8: Entwicklung der Gesamtbevölkerung Deutschlands bis 2050 in Abhängigkeit von der zukünftigen Nettomigration (Geburtenrate konstant bei 1,5 Kindern pro Frau, leichter Anstieg der Lebenserwartung).

Daran kann die Zuwanderung nur teilweise etwas ändern, auch wenn überwiegend junge Migranten nach Deutschland kommen. Auf eine Person im erwerbsfähigen Alter (20 bis 64 Jahre) kamen 2023 rechnerisch 0,39 Senioren (65 Jahre und älter). Bei 100 000 Zuwanderern im Jahr wird dieser Wert bis 2050 auf 0,57 steigen, bei 500 000 Zuwanderern pro Jahr allerdings nur auf 0,48. Das wäre zwar tatsächlich eine Abmilderung der demographischen Alterung, aber erst im mittelfristigen Horizont. Der unmittelbar bevorstehende Anstieg der Senioren bis zum Jahr 2035 kann durch die Migration kaum beeinflusst werden.[38]

Zudem stehen der mittel- bis langfristigen Verjüngung der Altersstruktur höhere Aufwände bei der Integration der in dieser Variante 13 Millionen Neuzuwanderer bis 2050 entgegen, was mit Blick auf die heutigen Herausforderungen an Schulen und auf dem Arbeitsmarkt nicht trivial erscheint. Offensichtlich spielt dabei nicht nur die Zahl der Zuwanderer eine Rolle, sondern auch Charakteristika wie beispielsweise Qualifikationsniveau oder Sprachkenntnisse, von denen abhängt, wie schnell die Integration gelingt. Derlei Überlegungen bleiben in den rein demographischen Betrachtungen unberücksichtigt. Klar ist jedenfalls: Schon unter Ausblendung aller weiteren Aspekte ist der rein demographische Effekt der Zuwanderung auf die Altersstruktur nur mäßig stark. Es bräuchte schon 500000 Zuwanderer pro Jahr, damit der Anstieg des Altenquotienten zwischen 2035 und 2050 spürbar geringer ausfällt (▶ Abb. 9). Und bis 2035 können weder mehr Geburten noch eine starke Zuwanderung die Finanzierungslücke im Rentensystem spürbar lindern.

Warum kann Migration die Folgen des demographischen Wandels nur leicht abmildern, obwohl doch gerade infolge der Flüchtlingszuwanderung fast ausschließlich junge Migranten nach Deutschland kommen? Ein einfacher, oft übersehener Grund ist, dass ein 30-Jähriger, der 2015 nach Deutschland kam, 2050 ebenfalls an der Schwelle zum Rentenalter steht. Langfristig werden aus zusätzlichen Erwerbsfähigen natürlich auch zusätzliche Rentner, und die längere Lebenserwartung, die die Seniorenzahl stärker ansteigen lässt als noch vor 40 Jahren, betrifft natürlich alle im Land lebenden Menschen. Dieses Problem der schlecht gelingenden »Verjüngung« alternder Gesellschaften durch Migration wurde übrigens schon 1992 formal nachgewiesen.[39] In den Kenntnisstand sich mit Demographie befassender Politiker übergegangen ist es anscheinend trotzdem nur selten. Trotzdem zeigt der Vergleich, dass sich die Zahl der Menschen im erwerbsfähigen Alter zu den Senioren im kurz- und mittelfristigen Zeithorizont effektiver durch Zuwanderung als durch eine Steigerung der Geburtenrate erreichen lässt (▶ Abb. 7 und 9). Hierdurch und aus der Tatsache, dass die Kinderzahlen im Land ohnehin über Jahrzehnte nicht nachhaltig gesteigert werden konnten, erklärt sich mutmaßlich, dass die meisten westlichen Regierungen auf Migration gegen die eigene Überalterung setzen.

Das kann hinsichtlich einer jüngeren Altersstruktur zumindest teilweise gelingen und unter bestimmten Umständen auch positive Folgeeffekte auf den Arbeitsmarkt oder die Sozialkassen nach sich ziehen. Das zeigen etwa Zahlen des Statistischen Bundesamts, wonach unter manchen Zuwanderergruppen (z. B. aus Polen und Rumänien) die Erwerbsbeteiligung in der Gesamtbevölkerung höher ist als unter Deutschen. Bei anderen Gruppen liegt diese Quote aber bislang deutlich geringer.[40] Und neben dem Arbeitsmarkt sind aus Sicht von Migranten wie Einheimischen natürlich noch andere Faktoren relevant, von der die zukünftige Integrationsfähigkeit der Gesellschaft abhängt. Nicht zuletzt sollte bedacht werden, dass bereits heute drei von vier Menschen in Westeuropa der Meinung sind, die Zuwanderung der letzten Zeit sei zu hoch gewesen.[41] Und in einer Demokratie brauchen Ziele und Mittel der Bevölkerungspolitik langfristig die Akzeptanz der Menschen, sonst sind Konflikte vorprogrammiert.

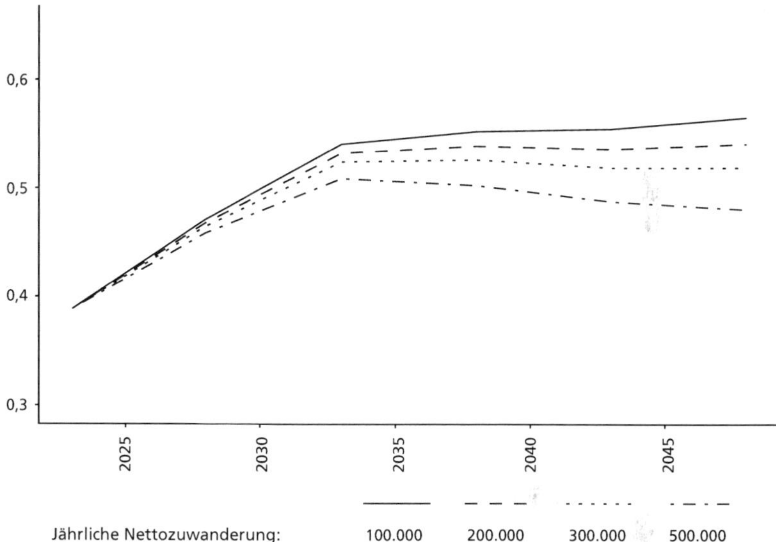

Abb. 9: Entwicklung des Altenquotienten (Zahl der Über-64-Jährigen im Verhältnis zu den 20- bis 64-Jährigen) bis 2050 in Abhängigkeit von der zukünftigen Nettomigration (Geburtenrate konstant bei 1,5 Kindern pro Frau, leichter Anstieg der Lebenserwartung).

2.4 Regionale Unterschiede bei der Bevölkerungsentwicklung

Deutschlands Bevölkerung wuchs zwischen 2015 und 2024 an – aber nicht überall: Rund einer von vier Landkreisen in Deutschland schrumpfte im selben Zeitraum. Bevölkerungsrückgang und Alterung betreffen vor allem strukturschwache Gebiete, aus denen junge Menschen des Studiums oder der Arbeit wegen in Ballungsgebiete oder prosperierende ländliche Räume fortziehen. Es gibt folglich beides gleichzeitig in Deutschland: Schrumpfende Regionen, in denen Leerstand herrscht und Schulen schließen müssen, aber gleichzeitig auch Ballungszentren und ländliche bis verstädterte Kreise, in denen eine wachsende Bevölkerung um knappen Wohnraum und KiTa-Plätze konkurriert.

Ohne Zuzüge von außen würden die meisten deutschen Städte und Landkreise an Bevölkerung verlieren, denn überall mangelt es an Geburten (▶ Abb. 10). Zwar gibt es ein leichtes Land-Stadt-Gefälle, was für Erklärungsansätze spricht, die in Urbanisierung und knappem Wohnraum Gründe für niedrige Kinderzahlen sehen. Allerdings sind auch im Allgäu oder in Cloppenburg die Geburtenraten mit Werten um 1,7 Kindern je Frau deutlich unter dem bestandserhaltenden Niveau.

Das Bevölkerungswachstum in den Großstädten wiederum ist auf eine jüngere Bevölkerungsstruktur und auf Zuzug junger Menschen zurückzuführen, aber die Fertilität liegt dort noch geringer – München gehört beispielsweise zu den Städten, in denen die zur Welt gebrachte Kinderzahl bundesweit am niedrigsten ausfällt.[42] Aber da viele junge Menschen aus dem ländlichen Raum fort- und in die wirtschaftsstarken Städte ziehen, ist dort die Altersstruktur günstiger und dementsprechend auch die absolute Geburtenzahl höher. Allerdings verlassen Menschen jungen und mittleren Alters nach der Familiengründung die Großstädte inzwischen wieder vermehrt.[43] Vom Familienzuzug profitieren eher das städtische Umland und die wirtschaftsstarken ländlichen Regionen in Süddeutschland.

Hier zeigt sich eine vielfach verbreitete Fehlinterpretation der Demographie in der öffentlichen Diskussion: Viele Probleme wie etwa das Schrumpfen ländlicher Regionen haben wenig mit dem »demographischen Wandel« zu tun, also der durch die niedrige Geburtenrate (die im Harz eher höher ausfällt als in München) und hohe Lebenserwartung (die überall nahezu gleichermaßen steigt) erfolgenden Alterung der Bevölkerung. Gründe sind vielmehr nicht-demographischen Faktoren wie Arbeitsmarkt, Verkehrsstruktur oder Bildungsangebot. Wo diese attraktiv sind, wachsen auch Klein- und Mittelstädte, und von einer demographischen »Verödung« des ländlichen Raums ist nichts zu spüren. Anders sieht das in Gegenden mit schlechter Bildungs- und Verkehrsinfrastruktur aus. Dass man trotzdem gerne dem demographischen Wandel die Schuld gibt, hängt wahrscheinlich damit zusammen, dass man die Verantwortung damit von sich auf einen vermeintlich unabänderlichen gesamtgesellschaftlichen Prozess weg- und das Angehen der tatsächlichen Ursachen aufschieben kann.

Auch Zuwanderer aus dem Ausland meiden die meisten infrastrukturell abgehängten Gebiete tendenziell und lassen sich, mit einigen Ausnahmen, eher in den Städten nieder, wo schon viele Migranten zuvor ansässig waren. Dieser Zusammenhang zeigt sich, obwohl Flüchtlinge, welche die Behörden gezielt bestimmten Landkreisen zuwiesen, in den letzten Jahren einen außergewöhnlich großen Teil aller Migranten ausmachten. Migranten, die nach Deutschland zum Arbeiten oder Studieren kommen, ziehen vorwiegend in die prosperierenden und ohnehin schon wachsenden Großstädte.

In der Konsequenz wird das Wachstum der Ballungsregionen verstärkt und das Schrumpfen vieler peripherer Kreise in Sachsen, Thüringen und auch in Oberfranken nicht verhindert (▶ Abb. 11). Zudem ist erkennbar, dass sich auch wieder in starkem Maße ein Trend zur Suburbanisierung um Städte wie Berlin, Hamburg und München zeigt, den Experten nach der Jahrtausendwende für beendet erklärt hatten. All diese Prozesse haben ursächlich wenig mit dem »demographischen Wandel« an sich zu tun, können aber durch nicht intendierte Konsequenzen einer wenig durchdachten Demographiepolitik verschärft werden.

Relevant sind schließlich die Unterschiede im Altenkoeffizienten zwischen den deutschen Regionen (▶ Abb. 12). Von München bis Regensburg ist das Verhältnis der Ruheständler zu den Einwohnern im erwerbsfähigen Alter noch sehr günstig: Hier kommen vier oder mehr Erwerbsfähige auf eine Person im Rentenalter. Spitzenreiter ist in dieser

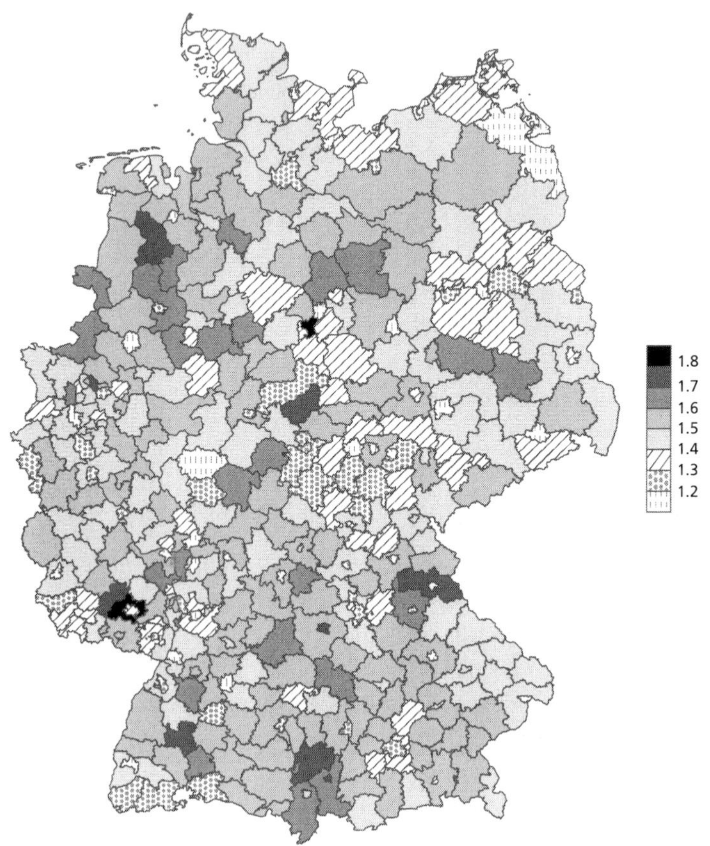

Abb. 10: Zusammengefasste Geburtenziffer (Geburtenrate je Frau) auf Landkreisebene in Deutschland, 2024.

Hinsicht Frankfurt am Main mit 4,4 Erwerbsfähigen für jeden Über-64-Jährigen. Ganz anders sieht es dagegen in Dessau-Roßlau aus, wo rechnerisch nur noch 1,9 Erwerbsfähige einen Senioren versorgen müssen. Suhl, Gera, Greiz und Chemnitz sind ebenfalls mit einem hohen Altenquotienten belastete Städte, genau wie viele ländliche Gebiete in Ost-, Mittel- und Norddeutschland. Zur Erhaltung eines günstigen Erwerbsfähigenquotienten erweisen sich aber die Ausstattung vor Ort mit Arbeitsplätzen, Hochschul- und Weiterbildungseinrichtungen sowie, im weite-

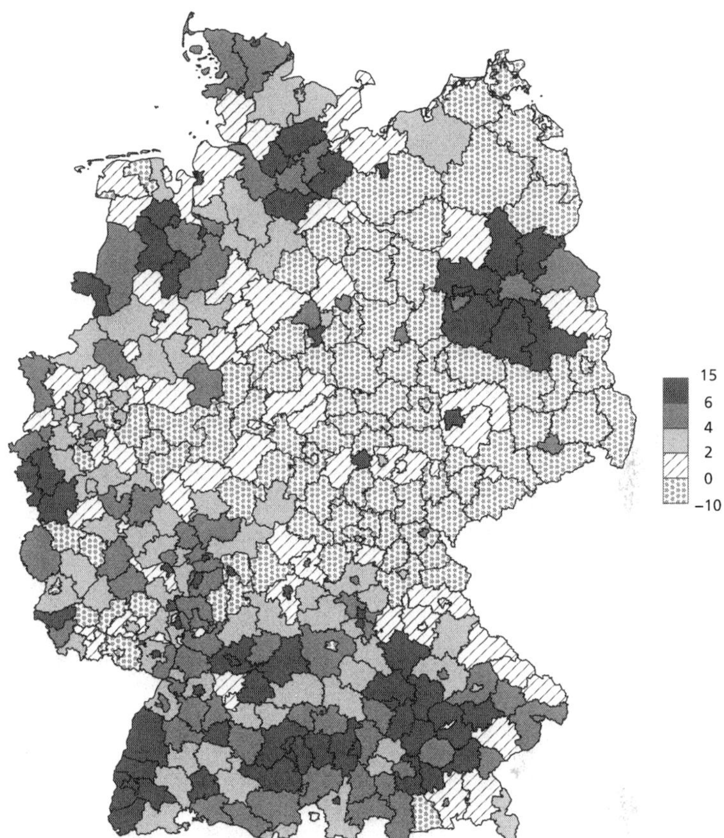

Abb. 11: Bevölkerungswachstum in den Kreisen und kreisfreien Städten in Deutschland, 2015–2024 (in %).

ren Umland von Ballungszentren, einer guten Verkehrsinfrastruktur als bessere Erklärungsfaktoren als die Demographie.

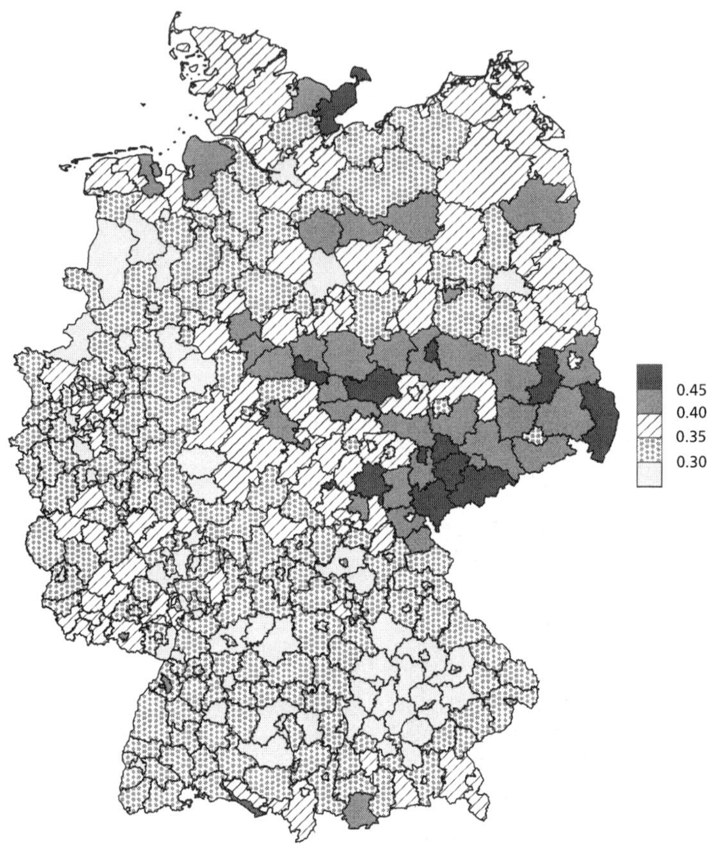

Abb. 12: Altenkoeffizient (Anzahl Über-64-Jähriger je 100 20- bis 64-Jähriger) in den Kreisen und kreisfreien Städten in Deutschland, 2015.

3 Die gesellschaftlichen Folgen der Demographie

Deutschlands Bevölkerung wird also zunehmend von Älteren geprägt werden, die Alterung auch durch Zuwanderung nur teilweise abgemildert. Welche gesellschaftlichen Folgen wird das nach sich ziehen? Katastrophale, wenn es nach den lauten Stimmen im öffentlichen und politischen Diskurs geht: Die Sozialsysteme brechen unter der Last der Rentnerzahlen zusammen, es gibt niemanden, der die vielen Hochbetagten pflegt, die Unternehmen finden keine Fachkräfte mehr und sind nicht mehr konkurrenzfähig, das Land vergreist und verarmt. Maßgeblich geprägt wurde der Diskurs unter anderen durch den Demographen Herwig Birg, der ein breites Publikum über den »demographischen Niedergang« und dessen Folgen für die Sozialversicherungen unterrichtete, oder den ehemaligen Herausgeber der *Frankfurter Allgemeinen Zeitung*, Frank Schirrmacher, der den »Krieg der Generationen« heraufbeschwor.[44] Dem traten immer wieder auch Stimmen entgegen, etwa die der Ökonomen Axel Börsch-Supan oder Thomas Straubhaar, die Wirtschaft und Sozialstaat nicht in Gefahr sehen und als Gründe Produktivitätssteigerungen durch die Digitalisierung und längere Erwerbsbiographien anführen.[45] Auch warnten Kritiker vor einer »Demographisierung« gesellschaftlicher Probleme, die ganz andere soziale, ökonomische oder kulturelle Ursachen haben.[46] Aber die dramatisierenden Darstellungen überwiegen nach wie vor in der öffentlichen Diskussion.

Klar ist, dass der extreme Wandel der Altersstruktur in Deutschland (▶ Abb. 3.1 und 3.2) in den verschiedensten gesellschaftlichen Bereichen spürbare Folgen hat. Oft müssen diese Folgen aber nicht einheitlich von allen gesellschaftlichen Gruppen gleich bewertet werden, was häufig unterschlagen wird. Dass die »Babyboomer« in Rente gehen und weniger junge Menschen auf den Arbeitsmarkt nachdrängen, kann für viele Unternehmen Personalsorgen nach sich ziehen, zugleich eröffnen sich aber jungen Berufseinsteigern dadurch bessere Chancen. Unternehmen können es sich nicht mehr leisten, Bewerber ohne Bestnoten oder auch ältere Bewerber, die bislang rein aufgrund ihres Alters als »nicht vermittelbar« galten, kategorisch außenvorzulassen. Arbeitsbedingungen wie Befristung und Bezahlung verbessern sich in der Regel ebenfalls, wenn es kein Überangebot an Bewerbern mehr gibt, die sich aus schierer Not mit weniger zufriedengeben. Dass ein demographisch bedingter Rückgang von Arbeitssuchenden automatisch »schlecht für Deutschland« sein soll, ist also zu hinterfragen.

Natürlich gilt nicht der Umkehrschluss, dass es keinen Fachkräftemangel gebe oder dieser irrelevant sei. Für Unternehmen zählten Nachwuchssorgen nach Bürokratie und hoher Abgaben schon vor der großen »Babyboomer«-Verrentungswelle zu den größten Problemen in Deutschland.[47] Das kann in einer globalisierten Arbeitswelt, in der insbesondere seit der Corona-Pandemie viele Tätigkeiten von jedem Ort der Welt erledigt werden können, schnell in eine Abwärtsspirale kippen: Unternehmen finden im Inland nicht genügend Fachkräfte, investieren daraufhin im Ausland und verlagern infolge des Kostengefälles auch in der Zukunft weitere Standorte und Abteilungen aus Deutschland heraus. Zwei Punkte sollen hier dennoch hervorgehoben werden: Erstens sind viele »demographisierte« Gründe für Fachkräftemangel und bröckelnde Sozialsysteme bei genauerer Hinsicht andere. Und zweitens sind die klar nachweislichen Folgen des demographischen Wandels häufig mindestens ambivalent und daher differenziert zu betrachten. Das wird im Folgenden für einige zentralen gesellschaftlichen Bereiche getan.

3.1 Die Auswirkungen der Demographie auf das Rentensystem

Die unbestrittenen und mit großer Sicherheit vorhersehbaren Folgen des demographischen Wandels betreffen den absoluten und relativen Anstieg der Zahl der Senioren. Ein umlagefinanziertes Rentensystem gerät hierbei in Not, denn in einem solchen System erwerben Beitragszahler Ansprüche, die später von anderen bezahlt werden müssen. Wenn diese dann viel weniger zahlreich sind, müssen – wenn die Produktivität und damit das Wohlstandsniveau in der Zwischenzeit nicht entsprechend zugenommen haben – entweder die Beiträge steigen, die Auszahlungsbeträge (bzw. deren Dauer) sinken, oder die Finanzierung durch zusätzliche Quellen gewährleistet werden. All das ist im Zuge der Rentenreformen seit der Wiedervereinigung schon teilweise passiert, und Vorschläge für zukünftige Reformen gehen in dieselben Richtungen. Unter anderem wurde das Rentenniveau vom Bruttoverdienst abgekoppelt, das Renteneinstiegsalter auf 67 Jahre angehoben, ein Demographiefaktor eingeführt, durch den das Beitragsniveau steigt und das Auszahlungsniveau sinkt, und eine teilweise kapitalgedeckte Altersvorsorge (Riester-Rente) auf freiwilliger Basis eingeführt.

Rund um 2035 wird die kritische Phase für die Rente werden (► Abb. 13). Dann wird nach momentanem Kenntnisstand die Zahl der Über-64-Jährigen ihren Höchststand erreichen und um 25 % gegenüber 2023 angestiegen sein. Zugleich wird die Zahl der Erwerbsfähigen im Vergleich zu 2023 um 10 % zurückgegangen sein. Bis etwa 2025 ist von dieser Entwicklung wenig zu spüren gewesen, da die großen »Babyboomer«-Kohorten (1961 bis 1965) noch größtenteils erwerbstätig waren, und weil die Beteiligung von Frauen und Zuwanderern auf dem Arbeitsmarkt anstieg. Dadurch liegt die Zahl der Erwerbstätigen 2025 sogar auf Rekordniveau. Aber in den kommenden 10 Jahren wird tatsächlich eintreffen, wovor Ökonomen und Demographen seit Jahrzehnten warnen: Der demographische Wandel wird das Rentensystem mit aller Wucht treffen.

Diese Entwicklung kann jedoch mit »demographischen« Maßnahmen nicht aufgehalten werden. Die Geburtenrate hätte, wie oben dargelegt,

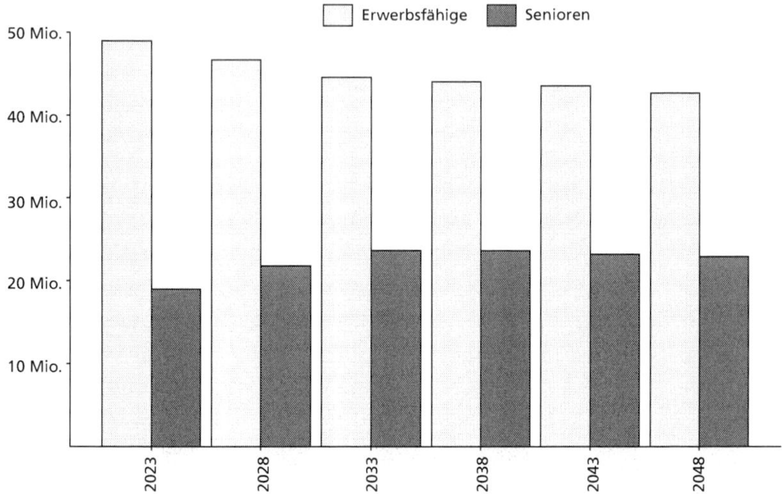

Abb. 13: Entwicklung der Zahl der Erwerbsfähigen (20 bis 64 Jahre alt) und Senioren (65 Jahre und älter) in Deutschland bis 2050 (Geburtenrate = 1,5 Kinder pro Frau, jährliche Nettozuwanderung = 200 000, leichter Anstieg der Lebenserwartung).

bereits vor Jahrzehnten angehoben werden müssen, damit das Verhältnis von Senioren zu Erwerbsfähigen in der unmittelbaren Zukunft nicht derart steil anstiege. Eine heutige Steigerung der Kinderzahl würde an der Alterung nur wenig und erst deutlich nach Pensionierung der »Babyboomer« etwas ändern. Daher ist den zukünftigen Problemen bei der Rente nicht durch eine großzügige Familienpolitik beizukommen, wie unterstützenswert eine solche auch aus anderen Gründen sein kann.

Ähnliches gilt für die Migrationspolitik. Auch ohne Berücksichtigung von Qualifikationsniveau und Arbeitsmarktbeteiligung fällt der rein demographische Effekt der Migration auf die Altersstruktur langfristig nur mäßig stark aus, weil aus zusätzlichen Erwerbsfähigen in Zukunft auch zusätzliche Rentner werden. Der neuerliche Bedarf an jungen Migranten, der die zusätzlichen Rentner bei gleichzeitig weiter steigender Lebenserwartung ausgleichen soll, müsste dann immer größer werden. Die vom Statistischen Bundesamt unterstellten 100 000 oder 200 000 Migranten pro Jahr reichten dafür nicht aus. Sogar die 500 000, die in den letzten Jahren im Durchschnitt kamen, wären für einen konstanten Altenkoeffizienten langfristig zu wenig und zögen zudem sicherlich andere gesellschaftliche Herausforderungen nach sich. Eine vorübergehende Linderung durch Migration ist jedoch möglich, wenn über die rein demographischen Merkmale hinausgehende Charakteristika gegeben sind, etwa hinsichtlich Bildungsniveau und Arbeitsmarktbeteiligung.

Sicherlich würde es heute anders aussehen, hätte die Politik nach 1972 wirkungsvoll auf den »Pillenknick« reagiert und beispielsweise durch tatsächlich spürbare Verbesserungen bei der Vereinbarkeit von Familie und Beruf eine Geburtenrate in der Bevölkerung ermutigt, die seitdem auf dem Niveau Frankreichs oder Islands gelegen hätte. Der relative Anstieg der Seniorenzahlen wäre dann weniger dramatisch, weil heute Millionen zusätzliche Erwerbsfähige bereitstünden. Am absoluten Anstieg der Hochbetagten und den damit verbundenen Herausforderungen in der Pflege hätte sich aber nichts geändert. Ob man für die zusätzlichen Erwerbsfähigen auch zusätzliche Erwerbstätigkeiten hätte, ist natürlich auch ungewiss.

Und schließlich darf nicht vergessen werden, dass der Geburtenrückgang den Staat zunächst jahrzehntelang entlastet hat – in Form der bereits angesprochenen »demographischen Dividende«, von der Deutschland bis etwa 2025 profitiert hat, weil der relative Anteil der Erwerbstätigen an der Gesamtbevölkerung immer noch größer war als vor dem Geburtenrückgang 1970. Die staatlichen Transferleistungen an Eltern und ihre Kinder, die Kosten für Kindergärten und Schulen und der Bedarf an zusätzlichem Wohnraum fielen niedriger aus. Junge Frauen, die ihre Mutterschaft hinauszögerten und stattdessen in ihr Humankapital investierten, lösten starke Innovations- und Wachstumsschübe aus. Nicht ohne Grund wird die demographische Dividende für den Aufstieg der ostasiatischen »Tigerstaaten« nach dem dortigen Geburtenrückgang verantwortlich gemacht.[48] Dass diese Phase nicht endlos anhalten kann, ist offensichtlich – ab einem gewissen Punkt schlägt die »Dividende« in einen abrupten Anstieg der Seniorenzahlen um. Das passiert in Deutschland zwischen 2025 und 2035. Ob Deutschland aber ohne den Geburtenrückgang nach 1972 mit stattdessen heute 100 Millionen Einwohnern anstelle der demographischen Dividende wirtschaftlich und gesellschaftlich besser dastünde, ist unklar.

Der Rentenproblematik kommt man durch mehr Geburten und Zuwanderung auch deshalb nur unzureichend bei, weil dadurch die gestiegene Lebenserwartung im höheren Alter nicht beeinflusst wird, die für die Alterung der Gesellschaft mitverantwortlich ist: Wenn sich die Lebenserwartung, wie es die meisten Experten erwarten, weiter verbessert, wird der Altenkoeffizient in Zukunft noch deutlich stärker ansteigen, als wenn es bei den heutigen Mortalitätsraten bliebe.[49] Dass heute 90% eines Geburtenjahrgangs bis zum Rentenalter überleben dürfen, anstatt wie noch vor drei Generationen bis dahin zur Hälfte dezimiert worden zu sein, und auch im Alter immer mehr Lebenszeit wartet, werden sicherlich die meisten Menschen als zivilisatorische Errungenschaften anerkennen. Dieser Fortschritt ist eben nicht kostenlos, und die Rechnung kommt in Form gestiegener Kosten für Rente und Pflege. Wie man das System reformieren und die zusätzlichen Kosten stemmen könnte, dafür stehen seit Jahrzehnten Vorschläge im Raum, die unten grob zusammengefasst werden (► Kap. 4).

3.2 Droht ein Fachkräftemangel durch den demographischen Wandel?

Kann man adipös verhungern? Das legt die öffentliche Diskussion über die Folgen des demographischen Wandels für das zukünftige Arbeitskräfteangebot nahe. Einerseits berichtet etwa die *FAZ*, bis 2030 fehlten in Deutschland drei Millionen Fachkräfte – Hauptgrund sei die Überalterung der Gesellschaft.[50] Andererseits steht im selben Artikel, dass Globalisierung und Digitalisierung in allen Wirtschaftsbereichen Arbeitsplätze bedrohten; an anderer Stelle nennt die *FAZ* sogar die Zahl von 3,4 Millionen Arbeitsplätzen, die unmittelbar in den nächsten Jahren von der Digitalisierung bedroht seien.[51] Man scheint daran keinen Widerspruch zu sehen: In Zukunft werden wir immer weniger Arbeit für die Menschen haben, von denen wir aber mehr brauchen, damit uns die Arbeitskräfte nicht ausgehen. Nun ist zwar nicht ausgeschlossen (und schon heute teilweise der Fall), dass Fachkräftemangel und Arbeitslosigkeit gleichzeitig in verschiedenen Qualifikationssegmenten auftreten, allein mit dem demographischen Wandel hat das wenig zu tun. Vielmehr hängt dies mit einem »Mismatch« von angebotener und nachgefragter Qualifikation sowie auch teilweise des Arbeitsorts zusammen. Folglich kann man auch nicht die reine Zahl der Erwerbsfähigen als Indikator dafür nehmen, wie viele Fachkräfte in Mangelberufen zur Verfügung stehen werden.

Die Zahl der Personen im erwerbsfähigen Alter wird in den kommenden Jahrzehnten mit hoher Wahrscheinlichkeit zurückgehen. Dass aber Arbeitskräfte »fehlen« werden, ist damit nicht von vornherein gesagt, denn das hängt von anderen, viel bedeutsameren Faktoren ab. Wie schnell sich etwa die konjunkturell bedingte Nachfrage nach Fachkräften ändern kann, ist bekannt: 2008 gab es noch Einstellungsstopps und Kurzarbeit für Ingenieure; im darauffolgenden Jahrzehnt wurden sie händeringend gesucht, und in zehn Jahren kann es schon wieder ganz anders aussehen. Derlei Entwicklungen lassen sich nicht vorhersagen. Im Unterschied zu demographischen Prozessen, die stark pfadabhängig sind – die Rentner von 2050 sind heute schon geboren –, sind Arbeitsmarkttrends viel unbeständiger. Demographische Modellrechnungen als sichere Vorhersagen der Zukunft zu interpretieren, wäre – wie bereits dargelegt – unseriös, aber es wäre auch irrational, sich bei der Demographie auf den Standpunkt zurückzuziehen, man könne ja überhaupt nicht wissen, was die Zukunft bringe. Mit Blick auf die oben gezeigten Grafiken ist klar zu erkennen, dass selbst bei sehr starken Schwankungen der wichtigsten Einflussfaktoren wie Geburten und Migration die Alterung der Bevölkerung in Zukunft innerhalb eines gewissen Korridors fortschreiten wird – vorausgesetzt, es treten keine völlig unvorhersehbaren Katastrophen ein (► Abb. 7 und 9). Wirtschafts- und Arbeitsmarktdaten können sich dagegen viel schneller in die eine oder andere Richtung ändern.

Was passiert beispielsweise, wenn der deutsche Fahrzeug- und Maschinenbau seine Position auf dem Weltmarkt verliert, große Firmen ihre Produktions-, aber auch IT- und Entwicklungsstandorte vornehmlich in Ländern mit niedrigeren Lohnkosten ausbauen, und gleichzeitig mithilfe Künstlicher Intelligenz in Banken, Versicherungen und öffentlichen Ämtern die Prozesse automatisiert werden? Die Zigtausend vakanten

Stellen, die heute durch den demographischen Wandel vorhergesagt werden, würde es dann wahrscheinlich gar nicht geben. Die Frage ist dann sogar, ob das Arbeitsplatzangebot nicht womöglich um mehr als die 10 % sinken könnte, um die die erwerbsfähige Bevölkerung zwischen 2025 und 2035 zurückgeht. Falls dies der Fall sein sollte, wird der demographisch bedingte Fachkräftemangel sehr schnell als Thema aus den Diskussionsrunden verschwinden, und die Arbeitslosigkeit würde wieder wie noch um die Jahrtausendwende die politischen Sorgen dominieren.

Ein historisches Beispiel zur Verdeutlichung: 1950 waren in der Bundesrepublik noch fast fünf Millionen Menschen in der Landwirtschaft beschäftigt. Heute sind es gerade noch 600 000, die aber viel mehr Lebensmittel produzieren. Hätte man 1950 angesichts der niedrigen Geburtenraten seit den 1920er Jahren (und der Kriegsverluste) einen drohenden Fachkräftemangel in der Landwirtschaft vorausgesagt – in der Tat gab es derartige Stimmen, wie das oben angeführte Zitat des Statistischen Reichsamts aus dem Jahr 1940 zeigt –, wäre das im Nachhinein offensichtlich völlig an der Realität vorbei gegangen. Etwaige Gegenmaßnahmen wären kontraproduktiv gewesen und hätten wahrscheinlich entweder Arbeitslosigkeit generiert oder die Steigerung der Produktivität durch den technischen Fortschritt behindert.

Derartige Entwicklungen wird es in Zukunft auch in vielen anderen Wirtschaftszweigen geben. Wie sich teilweise schon heute abzeichnet, werden in naher Zukunft wohl weit weniger Menschen an Supermarktkassen, in Lkw-Führerkabinen oder als Sachbearbeiter in Banken, Versicherungen und Behörden arbeiten. Inwiefern dies durch einen steigenden Bedarf an Arbeitskräften in anderen Tätigkeitsfeldern kompensiert werden wird, ist noch umstritten. In der Vergangenheit lösten industrielle Revolutionen Umwälzungen, aber keine Verkleinerungen des Arbeitsmarkts aus. Aber Digitalisierung und Künstliche Intelligenz treffen heute auf einen ohnehin von Globalisierung und Remote-Arbeit unter Druck gesetzten inländischen Arbeitsmarkt. Von dem her besteht keine Garantie, dass wegfallende Tätigkeiten an anderer Stelle ersetzt werden. Höchst fragwürdig ist es jedenfalls, mit allen Mitteln eine bestimmte absolute Zahl an Menschen über alle Branchen und Qualifikationsniveaus hinweg konstant halten zu wollen, um einem möglichen Fachkräftemangel vorzubeugen. Schließlich würde man auch keinem Arzt trauen, der zur

Vorbeugung eines Kaliummangels dazu rät, einfach von allem mehr zu essen.

Welche nicht-demographischen Gründe hat der Fachkräftemangel?

Wo es dagegen unbestrittene Engpässe an Arbeitskräften gibt, muss hinterfragt werden, inwiefern dies wirklich »demographisch« bedingt ist. Dass sich beispielsweise ein Arbeitskräftemangel in medizinischen und pflegerischen Berufen abzeichnet, wenn die heute zahlreichen 50- bis 65-jährigen Mediziner in den Ruhestand treten (68 % der Ärzte in deutschen Praxen waren 2016 laut Statistischem Bundesamt mindestens 50 Jahre alt), ist bereits lange bekannt. Weil zudem die immer größere Zahl der Hochbetagten die zukünftige Nachfrage nach ärztlichen Leistungen eher erhöhen wird, sprechen Ärzteverbände vom »doppelten demographischen Wandel«, der zum Ärztemangel führe. Das könnte man derart fehlinterpretieren, die Ärzteschaft altere genau wie die Gesamtgesellschaft aufgrund der niedrigen Geburtenzahlen in den letzten Jahrzehnten, und aufgrund der kleineren nachrückenden Jahrgänge werde eben auch bei den Ärzten der Nachwuchs knapp.

Allerdings tritt nur gut 1 % eines Jahrgangs ein Medizinstudium an, wobei die Nachfrage nach Studienplätzen in der Regel das Angebot bei Weitem übersteigt. Daher spielt weniger die absolute Größe der nachrückenden Alterskohorten in der Gesamtgesellschaft eine Rolle für die zukünftige Zahl der Ärzte, als vielmehr das (staatlich regulierte) Ausbildungsangebot. Das Bundesverfassungsgericht hat die Praxis der Studienplatzvergabe in der Medizin – Bewerber mit Abiturnote schlechter als 1,1 gehen meist leer aus oder müssen lange warten – Ende 2017 für verfassungswidrig erklärt. Die Zahl der Studienanfänger stieg in den darauffolgenden Jahren an, aber nur in moderatem Maße: zwischen 2010 und 2023 um etwa 15 %. Damit lässt sich aber die große bevorstehende Verrentungswelle nicht auffangen. Natürlich lassen sich diese für die Bundesländer teuren Studienplätze inklusive der benötigten Ausstattung in Laboren und Krankenhäusern nicht nach Belieben kurzfristig erhöhen. Aber der drohende Engpass war lange bekannt und lässt sich nicht plausiblerweise »demographisieren«. Die Abwanderung von Ärzten in Länder mit besseren Arbeitsbedingungen tut ihr Übriges zur drohenden Lücke. In Fachbereichen wie Germanistik und Kunstgeschichte hat man unterdessen auch noch nicht von einem demographisch bedingten Fachkräftemangel gehört.

Es ist also nicht so, dass es wegen der geringen Geburtenrate schlicht zu wenige junge Menschen gäbe, die die vakanten Landarztpraxen besetzen könnten, und das Gleiche gilt auch für die Pflege. Hier wird gerne eine Rhetorik bemüht, wonach die vergreisenden Deutschen unbedingt auf mehr Geburten oder Fachkräfte aus dem Ausland angewiesen seien, denn irgendjemand müsse sie ja bald alle pflegen. Dem stehen in der Realität aber folgende Zahlen gegenüber: 2023 waren 763 000 Menschen in Deutschland in der stationären oder teilstationären Pflege beschäftigt, das sind etwa 1,6 % aller Personen im erwerbsfähigen Alter. Es liegt auf der Hand, dass der Bedarf in den nächsten Jahrzehnten steigen wird. Aber selbst wenn die Zahl der Erwerbspersonen insgesamt um 10 % zurückgeht und der in der Altenpflege beschäftigte Anteil aller Erwerbstätigen durch den steigenden Bedarf auf 2 % oder gar 3 % in die Höhe schösse, wäre damit weiterhin nur ein geringer Prozentsatz der erwerbsfähigen Bevölkerung gebunden und Behauptungen, dass es hier »demographisch« bedingt zu wenige Arbeitskräfte geben werde, abwegig. Dass in diesen Berufszweigen heute schon Fachpersonal fehlt, liegt nicht an einem grundlegenden Mangel an Erwerbspersonen (der heute höher ist als je zuvor), sondern an der konkreten Ausgestaltung der Stellen hinsichtlich Arbeitsbedingungen und Bezahlung.

Der Staat reguliert in medizinischen und anderen Mangelberufen den Zugang und die Zahl der Ausbildungsplätze, teilweise auch die Arbeitsbedingungen und Bezahlung, weshalb er sich nicht aus der Verantwortung herausnehmen kann, auf drohende Fehlentwicklungen zu reagieren. Mit der Demographie hat das jedoch wenig zu tun. Das trifft auch auf den Bewerbermangel zu, den die ausbildenden Handwerksbetriebe seit einigen Jahren beklagen. Im Jahr 2000 hatten noch 33 % der Schulabgänger nach der Schule ein Studium aufgenommen, 2014 waren es schon 58 %. Das bleibt natürlich nicht ohne Folgen für die berufliche Ausbildung. Der durchschnittlich erfolgreiche Schulabgänger ging noch um das Jahr 2000 ins duale Ausbildungssystem über, nimmt heute aber ein Studium auf.

Das beschert den Ausbildungsbetrieben weniger Interessenten. Die Zahl der Lehrstellen sank seit 1990 um ein Sechstel, d.h. der rein demographisch bedingte leichte Rückgang der Schulabgänger hätte in diesem Zeitraum nicht für eine Verschlechterung der Bewerberzahlen je verfügbarer Lehrstelle gesorgt. Vorschläge, die die Sachlage erkannt haben, zielen beispielsweise darauf, vermehrt unter Studienabbrechern zu rekrutieren und somit die in manchem Falle überambitionierte (Hochschul-) Bildungsexpansion wieder zurückzunehmen.

Das heißt nicht, dass die Erhöhung der Studierendenquote per se schlecht ist – in Zukunft werden wahrscheinlich einfache manuelle Tätigkeiten noch stärker durch Roboter ersetzt oder ins Ausland ausgelagert werden und stattdessen mehr gut ausgebildete Arbeitskräfte benötigt. Man muss allerdings hinterfragen, ob mit der enormen Expansion, zumal in Studienfächern, die primär für die akademische Forschung ausbilden, nicht am Bedarf vorbeigebildet wird. Unter vorwiegend für den universitären Betrieb ausgebildeten Geisteswissenschaftlern konkurrieren Dutzende bestqualifizierter Absolventen um eine der wenigen unbefristeten Stellen, während in anderen Branchen akute Nachwuchssorgen herrschen und mangels Alternativen auch Quereinsteiger eingestellt werden. Natürlich ist der Standpunkt grundsätzlich berechtigt, man solle die Leute doch studieren lassen, was sie wollen (und den »Bedarf« nicht staatlich definieren). Aber wenn das dann nur für »günstige« Studienfächer wie Germanistik gilt, während andere stark zulassungsbeschränkt bleiben, kann das nicht das einzige Argument sein.

In einem vom freien Markt regulierten Berufsfeld kommt es natürlich auch zu einem Fachkräftemangel. Aber in der Regel hält dieser nur vorübergehend an aufgrund von konjunkturellen Schwankungen oder den bekannten »Schweinezyklen«. Damit ist gemeint, dass auf einen Arbeitskräftemangel verbesserte Einstellungs- und Verdienstchancen folgen, weil die Unternehmen um die knappe Ressource Arbeit konkurrieren. Das wiederum macht das Berufsfeld attraktiver als andere, was ein steigendes Interesse an dem Ausbildungsweg und, mit etwas Verzögerung, möglicherweise wieder ein Arbeitskräfteüberangebot zur Folge hat. Wenn Arbeitgeberverbände, die ansonsten gerne den Wert des freien Marktes betonen, in ihren Wirtschaftszweigen den Staat mit Verweis auf die Demographie um eine Erhöhung des Arbeitskräfteangebots bitten, liegen die Motive auf der Hand. Und diese sind auch nachvollziehbar, denn natürlich würden beispielsweise Bauunternehmen lieber aus einem ausreichend großen Reservoir qualifizierter Bauingenieure rekrutieren können, als in einen Käufermarkt mit steigenden Preisen zu geraten. Die Interessenslage der Anbieter von Arbeit sieht demgegenüber selbstverständlich anders aus. Und wenn man in vom Staat kontrollierten Berufszweigen eine steigende Nachfrage nach dem Ausbildungsweg (wie in der Allgemeinmedizin) oder bessere Arbeitsbedingungen und Löhne (wie in der Pflege) in nicht ausreichendem Maße zulassen will, sind strukturelle Engpässe die logische Konsequenz.

Eine expansive Bevölkerungspolitik als Prophylaxe gegen einen Fachkräftemangel kann dagegen auch andere als die erwarteten Folgen nach sich ziehen. Das müsste der Politik eigentlich bekannt sein, nicht zuletzt etwa aus der Geschichte der »Gastarbeiter«. Sie wurden ab 1956 ins Land geholt, um den Arbeitskräftebedarf der späten Jahre des »Wirtschaftswunders« zu stillen – aber das auch in Industriezweigen wie dem Bergbau, die sich bald darauf im Niedergang befanden, sodass nach der Wirtschaftskrise 1973 dort Arbeitskräfte abgebaut wurden. Unter den SPD-geführten Regierungen Brandt und Schmidt wurden die Anwerbeabkommen nicht aktiv fortgeführt und es gingen in den 1970er und 1980er Jahren teilweise mehr Menschen wieder aus Deutschland fort, als neu hinzuzogen (▶ Abb. 4). Diese Geschichte zeigt einmal mehr, dass es sich bei Menschen nicht um kurzfristig hoch- oder herunterskalierbare Arbeiterreservoirs handelt, und derartige Maßnahmen langfristige Effekte auf Wirtschaft und Gesellschaft haben.

Bei der gegenwärtigen Zuwanderung muss man stark differenzieren. In manchen Branchen sind Arbeitsmigranten, etwa aus Osteuropa, schon unverzichtbar. Kurzfristig kann ein Anstieg der Zuwanderung zwar eine erhöhte Arbeitslosigkeit nach sich ziehen, die aber im Falle von Migration in den Arbeitsmarkt nach einigen Jahren meist wieder abebbt, sodass die langfristigen Folgen eher neutral sind und es somit auf die wirtschaftliche Entwicklung insgesamt ankommt, wie sich die Arbeitslosigkeit unter Einheimischen wie auch unter Zuwanderern entwickelt. Beim Zuzug von geringqualifizierten Migranten dagegen erwarten Experten auch langfristig eher negative Effekte auf dem Arbeitsmarkt.[52]

Sind die Folgen des demographischen Wandels auf dem Arbeitsmarkt für alle schlecht?

Einen volatilen und unvorhersehbaren Arbeitsmarkt mit dauerhaften demographischen Maßnahmen steuern zu wollen, kann also bestenfalls zufällig Erfolg haben. Hinzu kommt, dass eventuelle demographisch bedingte Engpässe auf dem Arbeitsmarkt nicht von allen Seiten negativ aufgenommen werden müssen. So haben Untersuchungen gezeigt, dass zahlenmäßig stärkere Jahrgänge mit schlechteren Bedingungen beim Berufseinstieg zu kämpfen haben als kleinere Alterskohorten. Das gilt beispielsweise für die »Babyboomer« der 1960er Jahre, die 20 Jahre später niedrigere Einstiegsgehälter und eine höhere Arbeitslosigkeit erwartete, als es wohl der Fall gewesen wäre, wenn sie nur so zahlreich wie ihre Vorgängergeneration gewesen wären.[53] Das erklärt sich aus der höheren Konkurrenz um eine kurzfristig weitgehend fixe Zahl an Arbeitsplätzen, die entweder eine größere Zahl junger Schulabgänger leer ausgehen lässt oder auf flexibleren Arbeitsmärkten zu niedrigeren Gehältern führt. Heute ist es umgekehrt: Mehr Menschen treten in den Ruhestand als Berufseinsteiger nachrücken, und weil in vielen Sektoren der Arbeitskräftebedarf nicht sofort mit der zurückgehenden Erwerbspersonenzahl schrumpft, verbessern sich die Berufschancen junger Menschen.

Gerade aus Sicht der Arbeitnehmer könnte es daher wohl eher positiv aufgenommen werden, dass Ferdinand Lassalles »ehernes Gesetz« durchbrochen wurde. Der Sozialdemokrat hatte mit Blick auf die miserablen Arbeitsbedingungen im 19. Jahrhundert angenommen, dass die Fabrikanten die Löhne stets auf dem Existenzminimum halten konnten, da das rasante Bevölkerungswachstum immer für genügend Arbeiter sorgte, die notgedrungen auch unter den prekärsten Bedingungen zur Arbeit bereit waren. Würden die Löhne kurzfristig steigen, so Lassalle, führte das nur zu einer stärkeren Vermehrung der Arbeiter, deren Konkurrenz die Löhne dann wieder auf das Minimum herabdrückte.

Bekanntlich kam es im 20. Jahrhundert ganz anders: Einkommen und Lebensbedingungen verbesserten sich, aber das Bevölkerungswachstum nahm ab statt zu. Nach 1945 waren alle Generationen von Berufseinsteigern – mit Ausnahme der »Babyboomer« von 1960 bis 1965 – nur noch so groß wie oder sogar kleiner als ihre Elterngenerationen. Die »industrielle

Reservearmee«, die zur Arbeit unter jeden Bedingungen bereit war, schwand dahin, und stattdessen mussten plötzlich Arbeitgeber um qualifizierte Arbeitskräfte konkurrieren, was Letztere nutzten, um bessere Löhne und Arbeitsbedingungen durchzusetzen. Die Gewerkschaften standen wohl in den 1960ern bis 1980ern nicht zuletzt deshalb im Zenit ihrer Macht. Dass auf einem Arbeitsmarkt, der von einem starken Überangebot an jungen Arbeitswilligen geprägt ist, Gewerkschaften Reformen und tarifliche Einigungen zugunsten der Arbeitnehmer durchboxen können, kommt dagegen eher selten vor.

Nicht nur junge Berufseinsteiger profitieren, wenn der demographische »Flaschenhals« sich weitet, wenn also die nachrückenden Generationen nicht mehr zahlreicher als ihre Vorgänger sind, und sich die junge Bevölkerung nicht mehr schneller vermehrt als akzeptable Jobs für immer besser gebildete und höher ambitionierte Schulabgänger. Die Unternehmen können es sich auch nicht mehr leisten, ältere Bewerber allein wegen ihres Alters, Frauen wegen längerer familienbedingter Auszeiten oder Menschen ihres Migrationshintergrunds wegen zu benachteiligen. Genau bei diesen bislang noch in geringerem Maße in den Arbeitsmarkt integrierten Gruppen sehen Experten auch das Potenzial, das Schrumpfen der erwerbsfähigen Bevölkerung auszugleichen. Lange Zeit lag in Deutschland gerade bei den 55- bis 65-Jährigen die Arbeitsmarktbeteiligung weit niedriger als in anderen Ländern.[54] Priorität hatten Frühverrentungen um Stellen für junge Berufseinsteiger frei werden und die Jugendarbeitslosigkeit sinken zu lassen. Dass das – neben der guten Konjunktur in den 2010er Jahren auch des demographischen Wandels wegen – nicht mehr so ist, sollte für jüngere wie ältere Arbeitnehmer Vorteile haben.

In Zeiten wirtschaftlicher Krisen hat der demographische Wandel wohl auch einen konfliktmindernden Einfluss. Nach 2008 stieg beispielsweise die Jugendarbeitslosigkeit in Spanien, Griechenland und Italien zeitweise auf über 50 %. Wenn dort in den vergangenen Jahrzehnten kein starker Geburtenrückgang eingetreten wäre, wären doppelt so viele junge Menschen auf der Straße gestanden. Die soziale Lage in den Krisenjahren wäre dann sicherlich weitaus explosiver gewesen.

In Zeiten wirtschaftlicher Hochkonjunktur fallen die Bewertungen dagegen zwiespältig aus. Ein Zitat eines Unternehmers aus dem Landkreis Eichstätt illustriert, wie unterschiedlich eine niedrige Arbeitslosigkeit von

Arbeitnehmern und Arbeitgebern bewertet werden kann: »Ich brauche Spezialisten und finde keine. (...) Wir brauchen Zuzug, mehr Leute, die sich in der Region ansiedeln.«[55] Der Landkreis hatte 2018 mit 1,2 % die niedrigste Arbeitslosenquote in ganz Deutschland, die Einkommen sind hoch, die Bewohner zufrieden, selbst von der demographischen Alterung ist noch wenig zu spüren (▶ Abb. 12). Aus Sicht der Einwohner ist es wahrscheinlich nicht dringend notwendig, dass noch mehr Menschen in die Region mit ohnehin wachsender Bevölkerung ziehen, wodurch der Wohnungsmarkt verschärft wird und noch mehr Freiflächen versiegelt werden müssen, damit die Wirtschaft wächst und mehr Jobs entstehen, die die Bevölkerung an sich nicht bräuchte.

Ganz offensichtlich kann es demgegenüber aus Sicht von Unternehmen vorteilhaft sein, wenn die Arbeitslosenquote nicht auf ein derart tiefes Niveau sinkt. Damit stets eine ausreichend große Zahl gutqualifizierter Menschen nach Arbeit sucht und diese zu flexiblen Konditionen aufzunehmen bereit ist, sodass frei werdende Stellen zügig besetzt werden können, braucht es eine Erwerbsquote unterhalb der Vollbeschäftigung. Aus der Perspektive der Arbeitnehmer wird das natürlich oft anders bewertet, denn bei (annähernder) Vollbeschäftigung können fast alle Bürger ein selbstbestimmtes Leben führen, die Unternehmen müssen um Mitarbeiter werben und gute Löhne und Arbeitsbedingungen bieten. Außerdem werden Kriminalität und andere mit Arbeitslosigkeit verbundene soziale Probleme seltener.

Die Politik muss nun abwägen, ob sie bei Vollbeschäftigung ein möglicherweise gedämpftes Wirtschaftswachstum in Kauf nimmt oder die Interessen des Wirtschaftsstandorts Deutschland in den Vordergrund stellt. Dass letztere automatisch deckungsgleich mit dem »Gemeinwohl« sind, ist nicht selbstverständlich. Wenn die Wirtschaft wächst, aber die Bevölkerung noch stärker ansteigt, bleibt pro Kopf nicht mehr übrig und stattdessen ergeben sich immaterielle Folgekosten, etwa für die Umwelt oder die öffentliche Infrastruktur. Dementsprechend sind die Argumente, mit mehr Bevölkerungswachstum einem Fachkräftemangel entgegenzuwirken, auch oft tautologisch. Ohne die wachsende Bevölkerung hätte es beispielsweise den Bauboom der 2010er Jahre nicht in dem Maße gegeben und folglich wäre auch der Arbeitskräftebedarf im Handwerk geringer ausgefallen.

Natürlich sind die Auswirkungen der Demographie auf den Arbeitsmarkt komplex. Kurzfristig können kleiner werdende Kohorten von Berufseinsteigern die Position von Arbeitnehmern stärken und Arbeitslosigkeit verringern. Mittelfristig könnten aber Unternehmen auch wie beschrieben ihre Wertschöpfung zurückfahren, wenn sie weniger qualifizierte Arbeitskräfte finden, was sich wiederum negativ auf die Zahl der angebotenen Arbeitsplätze auswirken kann. Die kritische Frage ist dann, ob der Rückgang der Wirtschaftsleistung und der Nachfrage nach Arbeit stärker ausfällt als der Rückgang der erwerbsfähigen Bevölkerung und des Angebots an Arbeit. Das wird noch genauer beleuchtet (► Kap. 3.3).

Festgehalten werden kann aber an dieser Stelle dreierlei: Erstens ist noch völlig unklar, wie sich in Zeiten von Globalisierung und Künstlicher Intelligenz der zukünftige Arbeitsbedarf entwickeln wird. Prophylaktisch die Zahl der Erwerbsfähigen ungeachtet von beruflicher Spezialisierung oder Qualifikationsniveau hoch zu halten, ist mindestens riskant. Zweitens ist der tatsächliche Engpass an Fachkräften in manchen Branchen, wie er sich heute schon darstellt, zum großen Teil nicht dem demographischen Wandel anzulasten, sondern hat zumeist handfeste andere Gründe, die dementsprechend auch andere als bevölkerungspolitische Lösungen erfordern. Und drittens haben mögliche zukünftige demographische Effekte auf den Arbeitsmarkt nicht die eindeutig für alle Beteiligten negativen Folgen, die oftmals propagiert werden. Vielmehr werden sich gerade für momentan noch benachteiligte Gruppen bessere Chancen ergeben, wenn die Kohorten der Berufseinsteiger nicht mehr größer als die in den Ruhestand tretenden sind.

3.3 Gefährdet der Geburtenrückgang unseren Wohlstand?

Zu den am häufigsten wiederholten Mantras der Diskussion im Zusammenhang mit der Demographie gehört die Behauptung, Alterung und

Rückgang der Bevölkerung bedrohten den Wohlstand einer Gesellschaft. Hier gilt es einige wichtige Unterscheidungen zu treffen, bevor die Frage beantwortet werden kann, inwiefern diese Unterstellung zutrifft. Zunächst macht es offensichtlich einen gewaltigen Unterschied, ob man die gesamtwirtschaftliche Leistung (i.d.R. gemessen am Bruttoinlandsprodukt BIP) oder aber den pro-Kopf-Wohlstand (BIP geteilt durch Einwohnerzahl) als Maßstab nimmt. Wenn von negativen Effekten der Demographie auf »die deutsche Wirtschaft« geredet wird, ist meist nicht die pro-Kopf-Rate, sondern die gesamtwirtschaftliche Leistung gemeint. In dieser Hinsicht herrscht Einigkeit, dass – alle anderen Faktoren konstant gehalten – gilt: Ein langsameres oder gar negatives Bevölkerungswachstum geht mit einem niedrigeren Wirtschaftswachstum einher. Das kann aber auch gar nicht anders sein, denn ein zusätzlicher Einwohner kann die absolute Wirtschaftsleistung eines Landes unmöglich verringern, sondern nur erhöhen. Denn ungeachtet der tatsächlichen Wertschöpfung tragen auch beispielsweise schuldenfinanzierte staatliche Mehrausgaben für Infrastruktur oder Soziales, die wiederum über Konsumausgaben, Mieten etc. ihren Weg in die Privatwirtschaft finden, zum BIP bei.

Nun würde kaum jemand behaupten, Indien sei »reicher« als Großbritannien, weil die gesamtwirtschaftliche Leistung mittlerweile größer ist (oder Deutschland sei reicher als Norwegen oder die Schweiz). Stattdessen wird gemeinhin das pro-Kopf-Einkommen (oder eine andere je Einwohner angegebene Größe) betrachtet, um das Wohlstandsniveau einer Gesellschaft zu bewerten. In einer liberalen Demokratie wird in der Regel das Wohl des Individuums stärker gewichtet als das Wohl des Kollektivs, weshalb es in dieser Tradition weniger bedeutsam ist, ob Deutschland nun wieder »Exportweltmeister« wird, oder ob es weltweit die dritt-, viert- oder nur zehntgrößte Volkswirtschaft ist. Stattdessen wird aus Sicht des Individuums als wichtiger erachtet, ob der Lebensstandard des durchschnittlichen Deutschen höher oder niedriger ausfällt als in der Vergangenheit sowie im Vergleich mit anderen Ländern.

Dass ein durchschnittlicher Norweger im Vergleich mit einem durchschnittlichen Deutschen mehr Güter mit seinem Einkommen kaufen kann, dass sein Staat für ihn mehr Geld für Infrastruktur oder Bildung zur Verfügung hat, wird folglich nicht dadurch aufgewogen, dass in Deutschland auf einer ähnlich großen Fläche fünfzehnmal mehr Menschen wohnen als in Norwegen. Würde sich Norwegens Bevölkerung verfünfzehnfachen, verliehe das vielleicht der Regierung mehr Verhandlungsmacht auf der internationalen Bühne, aber würde dadurch auch das Wohlergehen des norwegischen Durchschnittsbürgers gesteigert werden? Nicht zwangsläufig, denn hierfür ist nach gegenwärtigem Kenntnisstand entscheidend, wie das Bevölkerungswachstum zustande kommt.

Ein Wachstum der Bevölkerung im Kindesalter wirkt sich einer großen Überblicksstudie zufolge – andere Faktoren konstant gehalten – negativ auf das Wirtschaftswachstum aus.[56] Von 79 Studien, die diesen Zusammenhang untersuchten, kamen nur fünf zu dem Schluss, dass dadurch der Wohlstand gesteigert werden könne. Die große Mehrheit fand dagegen negative wirtschaftliche Konsequenzen für den Wohlstand. Eine Steigerung der Geburtenrate führt zu steigenden Betreuungskosten und geringerer Produktivität unter den Eltern – von der gesamten Wirtschaftsleistung bleibt pro Kopf rechnerisch weniger übrig. Im Ergebnis lässt ein 1-prozentiges Wachstum der Bevölkerung unter 15 Jahren das Pro-Kopf-Wirtschaftswachstum um mehr als 1 % sinken. Daraus darf natürlich nicht der Fehlschluss erfolgen, Geburtenraten weit unter Reproduktionsniveau seien auch langfristig ökonomisch vernünftig, denn zeitverzögert bewirkt ein Kindermangel eine sinkende Erwerbsbevölkerung und schließlich einen erhöhten Altenkoeffizienten (neben weiteren gesellschaftlichen Folgen).

Wächst dagegen die Bevölkerung im erwerbsfähigen Alter, sind positive Effekte auf das Wirtschaftswachstum möglich, wenn die institutionellen Rahmenbedingungen wie z. B. das Bildungssystem vorteilhaft gestaltet sind. Intuitiv ist das auch plausibel: Ein zusätzlicher Erwerbsfähiger steuert, selbst wenn seine Produktivität etwas unterhalb derjenigen der übrigen Erwerbsbevölkerung liegt, im Schnitt mehr zur Wirtschaftsleistung bei als der Durchschnittsbürger, dessen Wert auch auf den Kindern, Alten und anderen Nichterwerbspersonen beruht, die in einem Land wie Deutschland knapp die Hälfte der Bevölkerung ausmachen. Nur wenn die hinzukommende erwerbsfähige Bevölkerung deutlich geringer qualifiziert oder häufiger erwerbslos ist als die vorhandene Erwerbsbevölkerung, fällt der positive Effekt aus oder kann sich gar ins Negative verkehren. In der zitierten Überblicksstudie von Derek Headey und Andrew Hodge ergab sich allgemein ein um 0,5 % höheres Pro-Kopf-Wirtschaftswachstum, wenn die erwerbsfähige Bevölkerung um 1 % wächst.

Die Geburtenrate zu erhöhen, wie oft gefordert, führt also kurz- und mittelfristig zunächst eher zu Wohlstandseinbußen, die sich später dann wieder ins Positive kehren. Nimmt man beides zusammen, ist der Einfluss des Bevölkerungswachstums auf den Lebensstandard in einem Großteil der von Headey und Hodge betrachteten Studien nicht statistisch signifikant. Wenn die Einwohnerzahl steigt, steigt also die volkswirtschaftliche Gesamtleistung in der Regel nicht überproportional, sodass der durchschnittliche Bürger davon profitieren würde, sondern dessen Wohlstand bleibt tendenziell gleich und geht kurzfristig eher leicht zurück.

Das bestätigt die Vorhersagen klassischer Wachstumsmodelle von Ökonomen wie Robert M. Solow oder Robert J. Barro, in denen Bevölkerungswachstum lediglich ein Skalierungsparameter ist. Also gilt: Eine verdoppelte Bevölkerung verdoppelt die Wirtschaftsleistung, aber am Wohlstand pro Kopf ändert sich nichts, wenn alle anderen Parameter konstant bleiben. Der entscheidende Faktor ist vielmehr die Produktivität je Erwerbstätigem, die beispielsweise durch das Bildungsniveau beeinflusst wird. Dass der Innovationsgeist einer durchschnittlich 45-jährigen Erwerbsbevölkerung gegenüber einer jüngeren Gesellschaft abfällt, ist zwar eine häufig geäußerte Befürchtung, aber dass eine Verjüngung ohne Rücksicht auf Bildungs- und Qualifikationsniveau den Erfindergeist hierzulande wieder ankurbelt, ist nicht selbstevident.

Welches Bevölkerungswachstum begünstigt eine Wohlstandsmehrung?

Im historischen Vergleich sind allerdings Unterschiede beim Einfluss des Bevölkerungswachstums auf den Wohlstand zu erkennen. In den Studien, die Daten von vor 1980 analysierten, fanden Headey und Hodge noch eher einen positiven Effekt. Für frühere Zeiten könnte also zumindest teilweise zutreffen, was Ökonomen wie Julian L. Simon oder Ellen Boserup behaupteten, nämlich dass mit zunehmender Bevölkerungszahl die Wahrscheinlichkeit für technologische Fortschritte steige, die allen zugutekämen. Das mag für dünn besiedelte Gegenden gelten, die durch starkes

Bevölkerungswachstum urbaner, arbeitsteiliger und damit innovativer werden. In den neueren Daten fällt der Einfluss des Bevölkerungswachstums auf den Lebensstandard dagegen nachteiliger aus. Die meisten Industriestaaten sind schon dicht besiedelt sowie urbanisiert, und zusätzliche Einwohner lösen dort keine Quantensprünge in der Entwicklungsstufe aus. Zudem werden technologische Innovationen heute in der Regel nicht in den demographisch am stärksten wachsenden Staaten hervorgebracht.

Positive Effekte des Bevölkerungswachstums auf den Wohlstand können dagegen vor allem dann erwartet werden, wenn die erwerbsfähige Bevölkerung deutlich stärker wächst als diejenige im Kindes- oder Seniorenalter. Genau das passiert während der Phase des demographischen Wandels, in welcher die Geburtenraten kürzlich gesunken sind, also die Bevölkerung im Kindesalter nur noch langsam wächst, aber aufgrund der vor 10 bis 20 Jahren noch hohen Geburtenraten jedes Jahr große junge Kohorten ins Berufsleben eintreten. Das ist die schon angesprochene »demographischen Dividende«, die wohl maßgeblich zum starken Wachstum z. B. der ost- und südostasiatischen Staaten der letzten Jahrzehnte beigetragen hat. Die Arbeitsmarktchancen dieser großen Berufseinsteigerjahrgänge können, wie im vorigen Abschnitt diskutiert, möglicherweise schlechter ausfallen, aber das Wirtschafswachstum wird in dieser Konstellation in der Regel positiv stimuliert.

Eine weitere Möglichkeit, die erwerbsfähige Bevölkerung in einem stärkeren Maße zu vergrößern als die Kinderzahl, bietet die Zuwanderung von überwiegend erwerbsfähigen Personen. Deren Einfluss auf den Wohlstand der Aufnahmegesellschaft wird ebenfalls seit jeher kontrovers diskutiert. Neuere Daten zeigen auch hierbei, dass eine pauschale Beantwortung dieser Frage kaum möglich ist, sondern dass zwischen Zuwanderungsgruppen mit unterschiedlichem Alters- oder Qualifikationsprofil differenziert werden muss. Nimmt man beispielsweise die 2015 und 2016 nach Deutschland gekommenen Flüchtlinge zum Maßstab, fallen die Prognosen des Effekts auf den Wohlstand zumindest im Kurz- und Mittelfristhorizont eher pessimistisch aus.[57] Gründe sind etwa geringere Qualifikationen, Sprachschwierigkeiten oder auch der vergleichsweise hohe Anteil von Nichterwerbspersonen. Bei Migranten, die nicht über das

Asylsystem nach Deutschland kommen, sind die Effekte dagegen deutlich positiver.

Weil es sich insgesamt bei der Zuwanderung nach Deutschland wie auch in andere Länder meist um einen Mix verschiedenster Herkunftsregionen und Bildungsniveaus handelt, waren die Auswirkungen auf den Lebensstandard bislang weitgehend neutral. Schon 1996 kam beispielsweise eine eigens eingesetzte Kommission des Nationalen Wissenschaftsrats in den USA zu dem Schluss, dass die Zuwanderung in die Vereinigten Staaten das Bruttoinlandsprodukt steigere, der Großteil dieses Zuwachses aber natürlich auf die Neubürger in Form von Löhnen oder zusätzlichen Staatsausgaben entfalle und unterm Strich pro Kopf ein positiver, aber insgesamt kaum ins Gewicht fallender Effekt zu Buche stehe. Freilich wurden diese Ergebnisse von Journalisten und Politikern (unter Schlagzeilen wie »Immigrants bring prosperity«) teilweise derart missinterpretiert, dass sich die Studienautoren zu einer Gegendarstellung im *Wall Street Journal* (»Findings we never found«) genötigt sahen.[58] In Deutschland ist der Anteil hochqualifizierter Zuwanderer traditionell etwas geringer als in den USA, aber die Schlussfolgerungen sind ähnlich: Deutschland wird nicht arm durch Zuwanderung, der Durchschnittsbürger profitiert von spezifischen Zuwanderungsformen (z. B. dem Zuzug von Pflegefachkräften), aber über alle Gruppen hinweg ist der ökonomische Effekt relativ ausgeglichen.[59]

Ist Schrumpfen und Altern gefährlich für den Wohlstand?

Was bedeuten diese Erkenntnisse für den demographischen Wandel in Deutschland? Zunächst ist die Datenlage recht eindeutig, dass eine Steigerung des Bevölkerungswachstums nicht notwendigerweise eine Steigerung des Pro-Kopf-Wohlstands nach sich ziehen würde. Hierfür ist stattdessen wichtiger, wie sich die Zahl der erwerbsfähigen, qualifizierten und innovativen Menschen entwickelt. Umgekehrt muss der durchschnittliche Einwohner folglich bei Stagnation oder gar leichtem Rückgang der Gesamtbevölkerung nicht automatisch Wohlstandseinbußen erleiden. Das bestätigen auch Berechnungen einer US-Forschergruppe um den

Demographen Ronald Lee im Fachblatt *Science*, die für die höher entwickelten Staaten auf ein für den Pro-Kopf-Lebensstandard optimales Bevölkerungswachstum zwischen null und minus einem Prozent kommen.[60] Demnach ist in modernen Industriestaaten eine gleichbleibend oder sogar leicht abnehmende Bevölkerungszahl dem Wohlstand zuträglicher als eine wachsende. Starke Einwohnerverluste würden dagegen kurzfristig zweifellos Wohlstandseinbußen nach sich ziehen, beispielsweise weil der Staat nicht sofort seine Ausgaben für Infrastruktur oder Personal in gleichem Maße reduzieren kann, wie die Einwohnerzahl und das Steueraufkommen zurückgehen.

Das droht aber Deutschland selbst in den pessimistischen Zukunftsszenarien keineswegs. Derartige Probleme betreffen hierzulande nur eine kleine Minderheit von Landkreisen, in denen aber die Schwäche der Wirtschafts- und Infrastruktur und nicht etwa der sich gesamtgesellschaftlich vollziehende demographische Wandel für den starken Einwohnerverlust verantwortlich ist. In den meisten Gegenden ist es stattdessen eben durchaus nicht so, dass ein leichter Bevölkerungsrückgang zu Schließung und Abriss von Kindergärten, Straßen oder gemeindeeigenen Wohnungen führen würde. Selbst bei dem extremen Szenario, wonach es bis 2050 überhaupt keine Zuwanderung mehr nach Deutschland gäbe und die Geburtenrate wieder auf 1,3 Kinder pro Frau zurückginge, schrumpft die Bevölkerung in Deutschland bis dahin mit einer jährlichen Rate von gerade mal 0,57 % und befände sich damit im Bereich eines moderaten Rückgangs, den die Experten als für sich genommen unkritisch für den Pro-Kopf-Wohlstand ausgewiesen hatten, und nicht etwa in einem Größenbereich, in dem der materielle Lebensstandard des Durchschnittsbürgers flächendeckend bedroht würde.

Relativ unstrittig ist zwar, dass die sinkende Zahl der Erwerbsfähigen relativ zur Gesamtbevölkerung in Deutschland mit Wohlstandseinbußen einhergehen wird, wenn alle anderen Werte konstant bleiben. Das ist die Folge mehrerer Jahrzehnte »demographischer Dividende«, als die relative Zahl der Erwerbsfähigen ungewöhnlich hoch war (und dies bis etwa 2025). Wäre die Geburtenrate um 1970 nicht zurückgegangen, hätte diese wachstumsfördernde Konstellation nie bestanden. Der Anstieg des Altenkoeffizienten bis 2035 ist quasi die Rechnung für den heute noch spürbaren Wachstumsschub durch den demographischen Übergang. Das

Humankapital hat enorm zugenommen und die Staatskassen wurden dadurch entlastet, dass junge Frauen später und weniger Kinder bekamen und stattdessen verstärkt in ihre Bildung investierten und am Erwerbsleben teilnahmen. Der Koeffizient aus Erwerbsfähigen einerseits und zu versorgenden Kindern und Alten andererseits geht also nach einer Phase ungewöhnlicher Höhe wieder auf ein im historischen Vergleich normales Niveau (wie etwa um 1970) zurück, und wird nicht etwa, wie oft suggeriert, auf ein nie dagewesenes Tief fallen.

Steigerungen der Geburtenrate sind aus vielerlei Gründen wünschenswert, aber für sich allein genommen kein Garant, »unseren Wohlstand« beizubehalten. Wenn in Folge einer geringeren Geburtenzahl die Mütter mehr in ihre Bildung und Erwerbsbiographie investieren können, können die negativen Effekte einer alternden Bevölkerung durch Innovation und Produktivitätssteigerungen aufgewogen werden. Für Deutschland kommen Ronald Lee und seine Kollegen auf eine den Lebensstandard optimierende Geburtenrate zwischen 1,65 und 2,0 Kinder pro Frau. In der Realität wird dieser Korridor zwar seit 1972 verfehlt (1,35 Kinder je Frau im Jahr 2024), was zeigt, dass die Debatte über die niedrigen Kinderzahlen grundsätzlich gerechtfertigt ist. Grund zur Panik ergibt sich aus der rein ökonomischen Betrachtung aber nicht. Die unmissverständliche Schlussfolgerung der Forscher lautet:

> »Fertility as low as 1.6 births per woman and possibly even lower should not in itself be a matter of concern. Fertility below replacement and modest population decline favor higher material standards of living.«

3.4 Die Auswirkungen des demographischen Wandels auf die Umwelt

Gegenwärtig besteht ein breiter Konsens darüber, dass nicht nur der ökonomisch definierte Lebensstandard Maßstab staatlichen Handelns sein sollte. Der Umwelt- und Klimaschutz wird auf allen politischen

Ebenen als eines der drängendsten Probleme der Menschheit eingestuft. Der Regenwald wird, jahrzehntelanger Kampagnen zum Trotz, immer schneller abgeholzt,[61] Tier- und Pflanzenarten sterben im Rekordtempo aus,[62] und wie sich Erderwärmung oder die weltweite Plastikbelastung in Zukunft auf den Menschen auswirken werden, ist noch ungewiss.

Die umwelt- und klimapolitischen Ziele, die sich die Vereinten Nationen gesetzt haben, um Klimawandel und Umweltzerstörung zu bekämpfen, werden nach jetzigem Kenntnisstand dennoch nicht erreicht.[63] Zwar hatten sich 2015 in Paris 193 Länder darauf verständigt, die globale Erwärmung bis 2100 unter 2 °C zu halten. Aber weder kann dieses Ziel mit den von den Ländern zugesagten Maßnahmen erreicht werden, noch halten sich die meisten Länder bislang überhaupt an ihre Zusagen. Deutschland erreichte das selbstgesteckte Ziel, die CO_2-Emissionen bis 2020 um 40 % gegenüber dem Niveau von 1990 zu senken, zwar in letzter Sekunde mit Unterstützung der Covid-Lockdowns und der seitdem stagnierenden Industrieproduktion. Aber bei anderen in der »Nachhaltigkeitsstrategie für Deutschland« festgehaltenen umweltpolitischen Zielen ist momentan nicht abzusehen, wie diese je erreicht werden sollen. Beispielsweise wollte man bis 2020 den Anstieg der Siedlungs- und Verkehrsfläche auf unter 30 Hektar pro Tag begrenzen. Damit ist die Fläche an z. B. Wiesen oder Feldern gemeint, die täglich durch z. B. Neubauten oder Straßen ersetzt wird, und dieser Flächenverlust betrug im Mittel der Jahre 2020 bis 2023 51 Hektar – also 70 % über dem Zielwert – pro Tag. Ähnlich sieht es etwa beim »Index Artenvielfalt und Landschaftsqualität« aus: Diese Kennzahl aus der Nationalen Nachhaltigkeitsstrategie sank in den letzten Jahren beständig und lag 2019 nur noch bei 75 % des anvisierten Zielwerts. Das Erreichen dieses Ziels wurde im Fortschrittsbericht von 2016 dann von 2015 auf das Jahr 2030 verschoben.[64]

Die Gründe hierfür sind vielfältig und reichen vom Stand der Energiewende über technologische Innovationen bis zum Verhalten der Verbraucher (etwa bei Fernreisen). Aber auch die Demographie wirkt hier als Faktor: Natürlich spielt nicht nur eine Rolle, wie viele Autos oder Kühlschränke jeder Mensch im Schnitt besitzt und wie energieeffizient diese sind, sondern der Pro-Kopf-Verbrauch multipliziert sich mit der Zahl der Menschen zum Gesamtverbrauch. Da die Zahl der Menschen weltweit von heute acht Milliarden in den nächsten 30 Jahren wohl weiter auf rund zehn Milliarden anwachsen wird, müssen bis dahin durch technischen Fortschritt oder Konsumverzicht die Pro-Kopf-Verbrauchswerte um ein Viertel sinken, damit die Umweltbelastung auch nur auf dem heutigen Niveau bleibt, das schon alles andere als nachhaltig ist. Ein sinkender Pro-Kopf-Verbrauch von Energie, Fleisch oder Wohnfläche ist aktuell allerdings nicht in Sicht. Diese Zusammenhänge sind natürlich allgemein bekannt, aber der Einfluss des Bevölkerungswachstums auf die Umwelt wird in Politik und Öffentlichkeit heute kaum mehr diskutiert. In den »Sustainable Development Goals« der Vereinten Nationen beispielsweise kommt das weltweite Bevölkerungswachstum nur an einer einzigen Stelle in einem Nebensatz vor. Es scheint sich ein seltsames Credo durchgesetzt zu haben: Der Klimawandel ist menschengemacht, aber mit der Zahl der Menschen hat er nichts zu tun.

Das hängt mutmaßlich damit zusammen, dass die Geburtenraten in den meisten Weltregionen stark gefallen sind und in Staaten wie China oder Südkorea nichts auf ein zukünftiges Bevölkerungswachstum hindeutet, sondern im Gegenteil aller Voraussicht nach ein starker Rückgang bevorsteht. Prominente Stimmen wie Tesla-Gründer Elon Musk warnen daher regelmäßig vor einem »Bevölkerungskollaps«.[65] Man sollte hierbei zweierlei hervorheben: Einerseits haben sich die malthusianischen Befürchtungen aus den 1960er Jahren vor einer verarmenden Menschheit im Zuge ihres starken Wachstums nicht bewahrheitet.[66] Das Wohlstandsniveau des durchschnittlichen Menschen ist in den vergangenen Jahrzehnten trotz Bevölkerungswachstum kontinuierlich angestiegen – und der globale Anstieg der Weltbevölkerung wird im 21. Jahrhundert vermutlich zum Erliegen kommen. Auf der anderen Seite befinden wir uns immer noch in einem welthistorisch winzigen Zeitraum, in der die Zahl der Menschen überhaupt den Wert von einer Milliarde überschritten hatte (► Abb. 14). Dass dies heute und in Zukunft keinerlei Auswirkungen auf das Ökosystem der Erde haben soll, ist in hohem Maße unplausibel.

Dies bestätigend, hat die demographische Forschung immer wieder gezeigt, dass die Verlangsamung des globalen Bevölkerungswachstums in den letzten zwei Jahrzehnten einen nicht unerheblichen Einfluss auf die weltweiten CO_2-Emissionen hatte.[67] In den meisten Studien, die historische Zeitreihen und verschiedene Länder vergleichen, ergibt sich ein ziemlich genau proportionaler Einfluss der Bevölkerungsgröße auf die

Umweltbelastung: Verdoppelt sich die Bevölkerungszahl bei gleichbleibenden Faktoren wie etwa das Wohlstandsniveau, verdoppeln sich auch die Emissionen.[68] Verlangsamt sich wie aktuell das Bevölkerungswachstum, wirkt sich das entsprechend günstig auf den globalen Fußabdruck aus. Daher sieht beispielsweise der österreichische Demograph Wolfgang Lutz einen positiven Effekt auf Umwelt und Nachhaltigkeit, falls die Weltbevölkerung ihr Maximum unterhalb der aktuell prognostizierten zehn Milliarden erreichen würde.[69] Dafür seien keine drakonischen Maßnahmen der Geburtenkontrolle, wie sie etwa lange Zeit in China angewandt wurden, notwendig, sondern das könne rein über verbesserte Bildungsbeteiligungen vor allem für Frauen erreicht werden. Wenn die Geburtenrate dadurch, wie es die momentanen Daten unter besser gebildeten Frauen in verschiedenen Weltteilen zeigen, im Laufe des 21. Jahrhunderts auf etwa 1,7 Kinder pro Frau im globalen Schnitt sänke, würde die Weltbevölkerung ihr Maximum bei etwa neun Milliarden erreichen, nach 2080 zurückgehen und ein Jahrhundert später wieder unter sechs Milliarden liegen. Dies wiederum würde es langfristig eher ermöglichen, den Klimawandel einzudämmen und einen nachhaltigen Umgang mit den natürlichen Ressourcen zu erreichen.

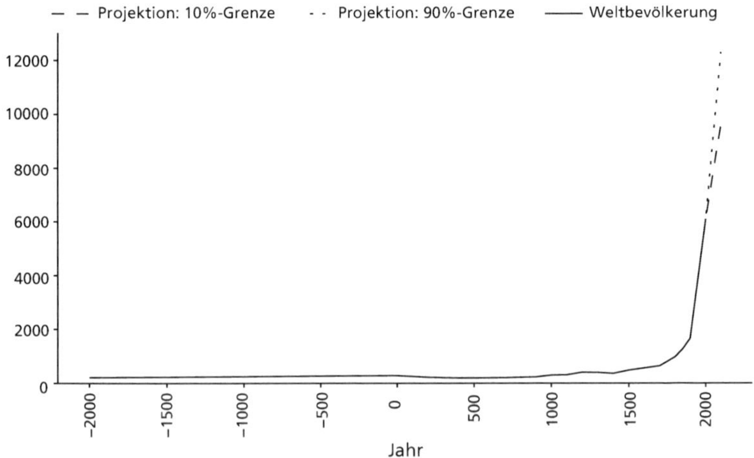

Abb. 14: Entwicklung der Weltbevölkerung in den letzten 4000 Jahren mit Projektionen bis ins Jahr 2100 mit 80 %-Konfidenzintervall.

Aber sind nicht die Industrieländer wie Deutschland in viel stärkerem Maße für die Umweltzerstörung verantwortlich als Länder wie Nigeria, in denen der Großteil des weltweiten Bevölkerungswachstums stattfindet? Dieser Einwand ist zwar prinzipiell korrekt, aber hier darf man nicht Korrelation mit Kausalität verwechseln. Um Emissionen, Flächenverbrauch und Artenschutz wäre es in Deutschland wohl kaum bessergestellt, wenn die Bevölkerung wachsen würde wie in Nigeria und alle anderen Faktoren konstant blieben. Umgekehrt sind die CO_2-Emissionen in Nigeria nicht deswegen so niedrig, weil die Bevölkerung so stark wächst. Nicht zuletzt werden die meisten Menschen zustimmen, dass die Menschen in Nigeria das Recht haben, ihr Wohlstandsniveau und ihren Konsum in Zukunft zu erhöhen. Dann macht es natürlich einen Unterschied, ob die Wohlstands- und Entwicklungsfortschritte, die meist von einer sinkenden Geburtenrate begleitet (und, wie dargelegt, dadurch auch begünstigt werden), von den gegenwärtig 230 Millionen oder aber 500 Millionen Einwohnern getragen werden – der laut der mittleren UN-Bevölkerungsprognose für das Land noch in diesem Jahrhundert erreichten Bevölkerungszahl.

Und auch hierzulande sind die zukünftige Bevölkerungsgröße und -zusammensetzung entscheidende Faktoren für die Realisierbarkeit der Klima- und Umweltziele, auch wenn der relative Beitrag Deutschlands zum Weltklima immer weniger gewichtig wird. Das wird im Folgenden beispielhaft für CO_2-Emissionen auf regionaler Ebene gezeigt. Von rund 400 Landkreisen und kreisfreien Städten in Deutschland haben 63 im Zeitraum zwischen 2000 und 2008 ein Bevölkerungswachstum von 4% oder mehr erlebt. Darunter befinden sich viele süddeutsche Städte wie München, Ingolstadt oder Heidelberg und Landkreise wie der Bodenseekreis, Ludwigsburg oder Fürstenfeldbruck. Ebenfalls zu den am stärksten wachsenden Kreisen gehörten in diesem Zeitraum aber auch Dresden und Cottbus, Lüneburg und Harburg sowie Cloppenburg, Vechta und das Emsland. In letzteren Landkreisen war die Geburtenrate überdurchschnittlich hoch, nach München und Dresden zogen überdurchschnittlich viele jungen Menschen. Demgegenüber stehen 186 Städte und Landkreise, also fast die Hälfte aller Kreise, deren Bevölkerung in diesem Zeitraum nicht anwuchs oder sogar leicht zurückging. Aus diesen kann man nun 63 Kreise auswählen, die den am stärksten wachsenden 63 Kreisen hinsichtlich Wirtschaftsstruktur, Bevölkerungszahl, Verstädterungsgrad und ursprünglichem Emissionsniveau möglichst ähnlich sind.[70] Das sind beispielsweise Städte wie Kassel, Magdeburg oder Schweinfurt und Landkreise wie Heidenheim, Main-Spessart oder der Zollernalbkreis. Es werden hier also zwei Gruppen von Städten und Kreisen verglichen, die sich in vielerlei Hinsicht ähnlich entwickelt haben – beispielsweise zwischen 2000 und 2008 ein Wirtschaftswachstum von durchschnittlich 3,5 bzw. 3,6 % geschafft haben und ein Pro-Kopf-Bruttosozialprodukt um jeweils rund 30 000 € im Schnitt aufwiesen – nur eben beim Bevölkerungswachstum höchst unterschiedliche Entwicklungen durchmachten.

Im Beobachtungszeitraum konnten in Deutschland fast überall CO_2-Emissionen reduziert werden, aber in manchen Gegenden stärker als in anderen. In den 63 am stärksten wachsenden Städten und Landkreisen reduzierten sich die Emissionen bis 2008 um durchschnittlich 2,8 % gegenüber dem Niveau von 2000 – in den 63 wirtschaftlich ähnlichen, aber demographisch nicht wachsenden Regionen dagegen um 6,3 %, also mehr als doppelt so stark (► Abb. 15). Das zeigt deutlich den Einfluss der Demographie auf die Erreichbarkeit von Umwelt- und Klimazielen. Der Zuwachs an Menschen und damit verbunden die größere Zahl an Autos, Haushalten mit Heizungen und anderen energieintensiven Aktivitäten erschwerte in den demographisch wachsenden Regionen die angestrebten Emissionsreduktionen. Die Daten beziehen sich auf den Zeitraum zwischen 2000 und 2008, als das Bevölkerungswachstum selbst in den am stärksten wachsenden Regionen eher moderat war und auf ganz Deutschland bezogen sogar gegen null tendierte.

Ähnlich sieht es beim Flächenverbrauch aus: Überall im Land nimmt die Siedlungs- und Verkehrsfläche zu. Auch ländliche Gemeinden mit schrumpfender Bevölkerung weisen weiterhin Neubaugebiete aus und hoffen darauf, dass sich junge Familien oder zahlungskräftige Gewerbe ansiedeln. Und da in der Vergangenheit die Wohnansprüche größer und die Pendlerwege weiter wurden, nehmen Verkehrs- und Wohnflächen auch in demographisch stagnierenden Gegenden zu. Trotzdem ist die Zunahme der Siedlungs- und Verkehrsfläche dort statistisch gesehen geringer als in strukturell ähnlichen, aber demographisch wachsenden Landkreisen.

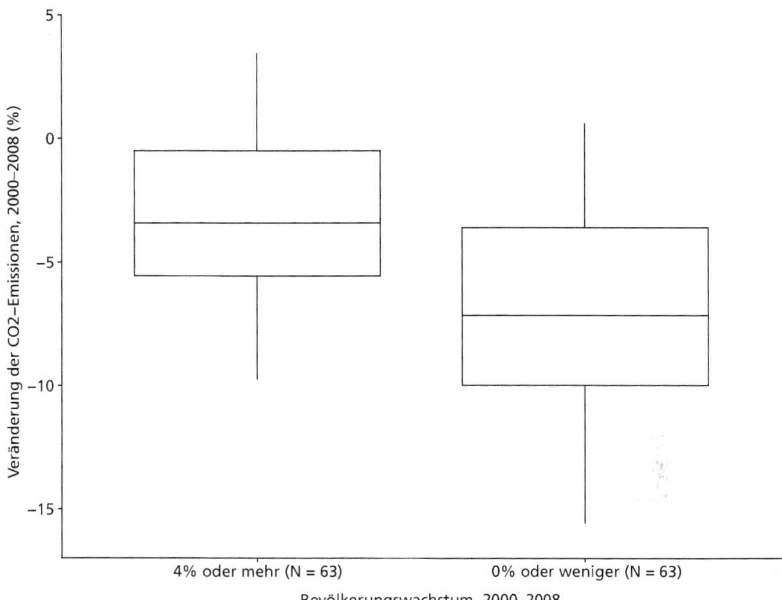

Abb. 15: Veränderung der CO_2-Emissionen (in %) zwischen 2000 und 2008 innerhalb deutscher Städte und Landkreise mit hohem Bevölkerungswachstum (4 % oder mehr in diesem Zeitraum) im Vergleich mit Städten und Kreisen mit ähnlichen sozioökonomischen Merkmalen, deren Bevölkerung aber nicht gewachsen ist (Querlinie = Median, Rechteck enthält die mittleren 50 % aller Fälle, Antennen reichen bis Minimum und Maximum).

In diesen gelangen Konzepte, Städte vorrangig nach innen wachsen zu lassen und dadurch neue, verdichtete Wohnquartiere auf bislang anderweitig genutzten Siedlungsflächen anstatt »auf der grünen Wiese« entstehen zu lassen, an ihre Grenzen. Derartige Ansätze funktionieren nur, solange die Bevölkerung nicht in einem Maße wächst, dass infolge einer grassierenden Wohnungsnot von allen Seiten nach neuem Bauland gerufen wird.

Der demographische Wandel wirkt also vor allem dadurch entlastend auf die Umwelt, dass die Bevölkerungszahl in Deutschland seit 50 Jahren zu wachsen aufhörte. Natürlich spielen neben der Bevölkerungsentwicklung viele weitere Aspekte eine Rolle. Die Abschaltung eines Kohlekraftwerks würde sich beispielsweise viel stärker auf die Emissionen eines bestimmten Landkreises auswirken als der Zu- oder Fortzug eines kleinen Teils der Bürger. Und die Demographie interagiert auch mit anderen Faktoren und wird von diesen beeinflusst, sodass beispielsweise wirtschaftsstarke Regionen eher Menschen anziehen als wirtschaftsschwache. Aber wie die obige Abbildung beispielhaft zeigt (▶ Abb. 15), ist der Einfluss des Bevölkerungswachstums auch dann substantiell, wenn wirtschaftliche und andere Entwicklungen konstant gehalten werden. Der ökologische Fußabdruck Deutschlands konnte also durch den demographischen Wandel zumindest teilweise reduziert werden. Auch dieser Faktor sollte in eine ganzheitliche Beurteilung der Bevölkerungsentwicklung einbezogen werden.

3.5 Weitere gesellschaftliche Folgen der Demographie

Rente, Wirtschaft und Arbeitsmarkt sind die am häufigsten diskutierten Themen, wenn es um die Folgen des demographischen Wandels geht. Neben den Auswirkungen auf die Umwelt gibt es aber noch eine Reihe weiterer, gesellschaftlich vieldiskutierter Themenfelder, bei denen die zentrale Rolle der Demographie oft nicht hinreichend berücksichtigt wird. Das trifft etwa auf die in den letzten Jahren stark gestiegenen Mietpreise und den Wohnraummangel zu, der mittlerweile nicht mehr nur die Ballungszentren betrifft. Als Hauptschuldige werden oft Immobilienspekulanten, Bauvorschriften, der Ausverkauf von Sozialwohnungen, sture Gemeinden, die zu wenig Bauland ausweisen, oder ältere Menschen, die in ihren vermeintlich zu großen Wohnungen bleiben, präsentiert. Nun hat sich allerdings die Zahl der Wohnungen zwischen 2014 und 2024 um 2,5 Millionen erhöht. Dass die Kauf- und Mietpreise trotzdem steigen, hat verschiedene Gründe, wäre aber ohne die im gleichen Zeitraum in drei von vier deutschen Landkreisen gestiegene Bevölkerungszahl kaum denkbar. In Städten und Landkreisen mit stagnierender oder sinkender Bevölkerung hört man entsprechend seltener von Mietwucher und Spekulationskrisen. Niedrige Geburtenzahlen und eine stagnierende Bevölkerungszahl kann man aus verschiedenen Gründen problematisieren. Aber neben dem Klima ist auch der Wohnungsmarkt ein Bereich, wo der demographische Wandel einen entspannenden Effekt zeigt. Man kann sich hierbei das kontrafaktische Szenario vorstellen, in der die Geburtenrate in den letzten zwei Jahrzehnten höher ausgefallen wäre, und, alle anderen Faktoren konstant, heute mehr als 90 Millionen Einwohner über rare Neubaugebiete und bürokratische Bauvorschriften diskutierten.

Die Vorstellung, dass die Anbieter auf einem Markt einseitig und willkürlich immer höhere Preise festlegen können, ist unzutreffend. Wenn auf eine freie Mietwohnung Dutzende Interessenten kommen, die händeringend nach einer Bleibe suchen, dann finden sich auch für immer höhere Preise Menschen, die diese zu zahlen und dafür einen immer höheren Anteil ihres Einkommen aufzuwenden bereit sind. Wo sich dagegen bei stagnierender Einwohnerzahl freiwerdende bzw. neugebaute Wohnungen und Wohnungsgesuche halbwegs die Waage halten oder die Nachfrage sogar zurückgeht, können Investoren auch keine unverhältnismäßigen Mieterhöhungen durchsetzen. Weil Wohnungssuchende auf Alternativen ausweichen können, bleiben Vermieter sonst nämlich auf ihren Wohnungen sitzen.

Mit einer Mietpreisbremse auf Preissteigerungen zu reagieren, die einer wachsenden Nachfrage geschuldet sind, kann vielleicht einem Teil der Menschen bezahlbare Mieten bescheren, aber das hilft den anderen, die leer ausgehen, nichts, denn der Wohnungsmangel bleibt davon unberührt. Im schlimmsten Fall werden dadurch noch potenzielle Anbieter verschreckt, für die das Vermieten angesichts der ja weiterhin steigenden Kauf- und Baupreise unrentabel wird. Wie auf allen Märkten führt auch auf dem Wohnungsmarkt ein Nachfrageschock in der Regel zu höheren Preisen. Dieser Effekt ist hier aber noch gravierender als anderswo, da von den lukrativen Marktpreisen angelockte Anbieter nicht sofort und in unbegrenzter Höhe mit einer Ausweitung des Angebots reagieren können. Potenzielles Bauland ist begrenzt und meist in öffentlicher Hand, die wiederum aus Gründen wie dem Umweltschutz nur zögerlich Neubaugebiete ausweist. Umgekehrt kann die Nachfrage, weil es sich um ein menschliches Grundbedürfnis handelt, nicht einfach auf alternative Produkte ausweichen.

Wie bei anderen gesellschaftlichen Entwicklungen gibt es gleichwohl auch hier Gewinner und Verlierer eines demographisch bedingten Anstiegs oder Rückgangs der Nachfrage. Immobilienbesitzer haben eher ein Interesse an einer gleichbleibenden oder steigenden Nachfrage, damit der Wert ihrer Investition (oftmals Teil der Altersvorsorge) nicht zurückgeht im Vergleich mit dem allgemeinen Preisniveau. Für den in Deutschland traditionell großen Teil der Mieter jedoch sieht das anders aus. Ein verlangsamtes oder negatives Bevölkerungswachstum stärkt ihre Position auf dem Markt und sorgt für ein größeres Angebot und geringere Preise.

Auch der Themenkomplex Sicherheit wird von der Demographie beeinflusst. Gewaltkriminalität geht üblicherweise von Tätern aus, die männlich und zwischen 15 und 29 Jahre alt sind. Das ist eine in der Kriminologie als »Male Youth Syndrome« bekannte Regelmäßigkeit, die sich auch beispielsweise bei der Auswertung von Daten über Terroristen zeigt.[71] Diese Tatsache wird in letzter Zeit auch immer häufiger in der öffentlichen Diskussion anerkannt – kaum eine Analyse über z. B. Gewaltkriminalität unter Flüchtlingen kommt ohne den Hinweis aus, dass ein sehr hoher Anteil der Zugewanderten jung und männlich ist und diese demographische Gruppe wiederum in allen Kulturen einen extrem hohen Anteil an allen Gewaltverbrechen verübt. Das ist jeweils korrekt: Die Tatverdächtigen der Körperverletzung in der Polizeilichen Kriminalstatistik des Bundeskriminalamts werden beispielsweise in überwältigendem Maße von den 18- bis 29-jährigen Männern dominiert. In der Konsequenz ist die Altersstruktur einer Gesellschaft insbesondere im Kontext wirtschaftlicher Krisensituationen von Bedeutung: Vergleicht man beispielsweise Städte mit hoher Jugendarbeitslosigkeit, dann fällt die Mordrate desto höher aus, je größer der Anteil junger Männer zwischen 15 und 29 an der Gesamtbevölkerung ist.[72]

Ein Erklärungsansatz für die überproportionale Repräsentanz Jugendlicher und junger Erwachsener ist, dass in dieser Lebensphase viele junge Menschen noch beruflich und familiär ungebunden sind, viele kapseln sich zudem von den tradierten Wertvorstellungen der Eltern ab und sind anfällig für politisch und religiös radikale Positionen. Und sie haben vor allem dann wenig zu verlieren, wenn ihre Generation – nicht zuletzt aufgrund ihrer zahlenmäßigen Größe – schlechte Chancen beim Eintritt in den Arbeitsmarkt hat. Als im Deutschland der 1920er Jahre die Zahl der 18- bis 29-Jährigen sowohl relativ als auch absolut gesehen ihren historischen Rekord erreichte, rekrutierten paramilitärische Schlägertruppen die perspektivlosen jungen Männer für die Straßenschlachten der Weimarer Republik. Im Jahr 2025 dominieren in Deutschland nicht mehr die unter 30-Jährigen die Altersstruktur, sondern die mittlerweile kurz vor dem Ruhestand stehenden »Babyboomer«. 60- bis 65-jährige Frauen und Männer, die in der deutschen Bevölkerung die größten Alterskohorten bilden, sind in der Regel nicht für politisch motivierte Ausschreitungen oder die organisierte Kriminalität zu gewinnen. Die Tatsache, dass die Zahl der jungen Männer in den vergangenen Jahrzehnten um fast die Hälfte gesunken ist, hat also wohl nicht unerheblich auf die Häufigkeit von Gewaltkriminalität in Deutschland eingewirkt. Auch hier zeigen sich also positive »Nebenwirkungen« einer demographischen Alterung, die neben einer rein ökonomischen Betrachtung in die Beurteilung miteinbezogen werden sollten.

4 Handlungsoptionen

Die Politik hat »demographische« und »nicht demographische« Handlungsoptionen zur Eindämmung negativer Konsequenzen des demographischen Wandels. Bei den demographischen Maßnahmen gibt es zwei Ansatzpunkte: die Beeinflussung der Geburtenzahlen durch die Familienpolitik und die Regulierung der Migration. Veränderungen bei der Lebenserwartung werden hier wieder ausgeklammert, da diese wohl niemand der Steuerung durch die Politik unterwerfen will. Nicht demographische Maßnahmen umfassen eine Vielzahl bereichsspezifischer Handlungsoptionen, die die häufig nicht demographischen Ursachen der jeweiligen Herausforderungen angehen.

Die untenstehende Tabelle zeigt eine solche Gegenüberstellung beispielhaft für einige der in den vorigen Kapiteln erörterten Problemfelder (► Tab. 1).

4.1 Steigerungen der Geburtenrate

Familienpolitiker beziehen sich meist auf die zusammengefasste Geburtenziffer als Indikator für den Erfolg ihres Wirkens. Daran gemessen war die Familienpolitik in (West-)Deutschland seit mehr als 50 Jahren reichlich ineffektiv, denn kein anderes Land der Welt kann eine derart lange und ununterbrochene Zeitreihe einer weit unter Reproduktionsniveau liegenden Geburtenrate vorweisen. Natürlich weiß niemand, wie hoch heute die Geburtenrate ohne Kinder- und Elterngeld und andere Maßnahmen wäre. Da diese im Jahr 2024 mit etwa 1,35 Kindern je Frau aber wieder deutlich unter dem Mini-Hoch von 2016 bis 2021 lag, ist die Evidenz dafür, dass die im internationalen Vergleich großzügigen Direkttransfers die Präferenzen junger Deutscher gegen große Familien maßgeblich beeinflussten, dünn.

Gleichwohl gäbe es Stellschrauben für die Politik, falls eine gewisse Steigerung der Geburtenrate erreicht werden soll. Dafür muss zunächst noch einmal betont werden, dass Werte auf oder über dem Reproduktionsniveau nicht den explizit geäußerten Präferenzen der Menschen in Deutschland entsprechen. Auf diesem Niveau wird man folglich mit keinem staatlichen Anreizsystem allein landen. Das würde vielmehr einen kulturellen Wandel erfordern, welchen herbeizuführen außerhalb der Staatsziele einer freiheitlichen Demokratie liegt. Nichtsdestotrotz spricht, wie im vorigen Kapitel ausgeführt, einiges dafür, dass eine Steigerung der Fertilität zumindest auf ein Niveau oberhalb von 1,6 Kindern je Frau langfristig positive ökonomische Effekte hätte. Und ein solches Niveau zu erreichen, erscheint durchaus im Rahmen des realistisch Machbaren. Hierfür müsste man aber über Direkttransfers hinaus denken, die sich als wenig hilfreich erwiesen haben, insbesondere gut ausgebildeten jungen Frauen Anreize zu bieten, die Karriere der Familie wegen zu unterbrechen. Wichtiger scheint vielmehr die Vereinbarkeit von Familie und Beruf, bei der Deutschland, etwa beim Ausbau der Kinderbetreuung, nach wie vor hinterherhinkt.

Denkbar wären aber auch spürbare Erleichterungen für Eltern bei den Sozialabgaben, z.B. der von Arbeitnehmern wie -gebern getragenen Rentenversicherung, die sowohl jungen Eltern als auch ihren potenziellen Arbeitgebern den Berufswiedereinstieg attraktiver machten. Aktuell müssen beispielsweise Kinderlose ab 23 Jahren marginal höhere Zahlungen in die Pflegeversicherung leisten, aber das wirkt sich kaum auf die Opportunitätsstrukturen über Kinder nachdenkender junger Menschen aus. Diese Staffelung bei Pflege- oder Rentenversicherungsbeiträgen müsste schon so stark ausfallen, dass Eltern bei Wiederaufnahme einer Beschäftigung nach der Geburt eines Kindes deutlich mehr Netto vom Brutto haben als zuvor. Beispielsweise könnte man die Pflichtabgabe zur Rentenversicherung in Höhe von aktuell 18,6% des gesetzlichen Bruttogehalts grundsätzlich erhöhen, aber dann mit jedem (zusätzlichen) Kind deutlich reduzieren (z. B. halbieren). In diesem Beispiel würde sich der Nettolohn nach Geburt des ersten Kindes um bis zu 10 % erhöhen. Ein solcher Eingriff müsste natürlich mit Augenmaß erfolgen und einerseits als Anreiz stark genug sein, dass dadurch – im Gegensatz zur schon existierenden Staffelung bei der Pflegeversicherung – potenzielle Eltern wirklich einen merklichen Vorteil hätten. Andererseits dürfen Menschen ohne Kinder nicht unverhältnismäßig benachteiligt werden, nicht zuletzt, da Kinderlosigkeit eine legitime individuelle Entscheidung ist oder oft sogar unfreiwillig ist. Aber wenn man ein vergemeinschaftetes System der Altersvorsorge haben will, das auf Nachwuchs angewiesen ist, um heute erworbene Ansprüche zukünftig zu erwirtschaften, dann erscheint es durchaus verhältnismäßig, einen Anreiz für diesen Nachwuchs über die Abgabenhöhe zu genau diesem System zu steuern. Die Alternative wäre freilich, den Grad der Vergemeinschaftung dieser Sicherungssysteme wieder zurückzufahren. Die aktuelle Situation jedoch – man braucht Kinder, die in Zukunft die Rente erwirtschaften, es gibt aber faktisch eher finanzielle Anreize dagegen im Rahmen des Ein- und Auszahlungsmodells – produziert genau die Probleme, die in Deutschland bis 2035 akut werden.

Tab. 1: Beispielhafter Überblick über Ziele und Maßnahmen von oft im Kontext des demographischen Wandels diskutierten Problemfeldern

Ziel	Demographische Maßnahmen (und ihre Effektivität)	Nicht demographische Maßnahmen (Auswahl)
Erhöhung bzw. Konstanthaltung der Gesamtbevölkerungszahl	mehr Geburten (starke Wirkung) höhere Zuwanderung (starke Wirkung)	–
Schließung der drohenden Finanzierungslücke im Rentensystem	mehr Geburten (sehr geringe Wirkung) mehr qualifizierte Zuwanderung (mäßige Wirkung)	Erhöhung des Renteneintrittsalters Erhöhung der Beiträge Kürzung der Auszahlungen stärkere externe Finanzierung höhere Erwerbsbeteiligung unterbeschäftigter Gruppen Systemwechsel hin zu kapitalgedeckter Vorsorge, Einbeziehung der Beamten usw.
Stopp des Bevölkerungsrückgangs im ländlichen Raum	mehr Geburten (geringe Wirkung) mehr Zuwanderung (geringe Wirkung)	Investitionen in Verkehrsinfrastruktur neue Standorte für z. B. Fachhochschulen und duale Hochschulen nicht weiter steigende Akademikerquote und Stärkung des dualen Ausbildungssystems
Bekämpfung des Fachkräftemangels, z. B. in medizinischen und Pflegeberufen	mehr Geburten (sehr geringe Wirkung) mehr qualifizierte Zuwanderung (mäßige Wirkung)	stärkere Öffnung des Zugangs zum Medizinstudium bessere Löhne und Arbeitsbedingungen in der Pflege höhere Erwerbsbeteiligung unterbeschäftigter Gruppen

Quelle: eigene Zusammenstellung.

4.2 Steuerung der Zuwanderung

Politiker verschiedenster Couleur sehen in der Zuwanderung gerne die naheliegendste Lösung für die Rentenproblematik: Aus demographisch wachsenden Ländern in Afrika und dem Nahen Osten wollen ohnehin viele junge Menschen nach Europa kommen, das wiederum eine alternde Bevölkerung zu versorgen hat. Auf den ersten Blick sieht das nach einer »Win-Win-Situation« aus. Nach genauerer Analyse stellt sich die Lage etwas komplexer dar, wie in den vorangegangenen Kapiteln gezeigt. Über Zuwanderung kann zwar die Relation aus Erwerbstätigen und Ruheständlern leicht verbessert werden, wenn die Migration direkt in den Arbeitsmarkt erfolgt. Darüber hinaus ist bekannt, dass Migration positive fiskalische Wirkungen entfaltet, die Staatskassen also entlasten kann – unter der Voraussetzung allerdings, dass der Großteil der künftigen Neuzuwanderer mittlere oder hohe Qualifikationen mitbringt und diese auch auf dem Arbeitsmarkt entsprechend einsetzen kann.[73]

Daraus lässt sich ableiten, dass ein lindernder Effekt auf den Altenquotienten durch Migration erreicht werden kann, wenn die zukünftigen Zuwanderer gut qualifiziert sind und sich schnell integrieren (▶ Abb. 9). Dieser lindernde Effekt ist allerdings von eher mäßiger Stärke. Langfristig erwerben zusätzliche Einwohner natürlich auch zusätzliche Rentenansprüche und leben ebenfalls länger, weshalb der Altenkoeffizient also selbst bei hoher Zuwanderung weiter steigen wird.

In diesem Zusammenhang wird gerne ein verbessertes Einwanderungsgesetz gefordert, bevorzugt eines »nach kanadischem Vorbild«, um qualifizierte Zuwanderer nach Deutschland zu locken. Es ist allerdings höchst fragwürdig, was ein zusätzliches Gesetz über die bereits existierenden Gesetze hinaus am Status quo der Zuwanderung ändern könnte. Für qualifizierte Zuwanderer gibt es bereits legale Zuzugsmöglichkeiten nach Deutschland, die nach Einschätzung von Experten liberaler sind als in den meisten anderen OECD-Staaten. Die Tatsache, dass bislang nur mäßig viele Hochqualifizierte kommen, liegt wahrscheinlich weniger an der Einwanderungsgesetzgebung. Umgekehrt würde der Großteil der gegenwärtigen Zuwanderung wohl nicht unter die Regelung eines reformierten Gesetzes »nach kanadischem Vorbild« fallen. Zum einen könnte an der Arbeitnehmerfreizügigkeit innerhalb der EU kein nationales Gesetz rütteln, und der Zuzug aus anderen EU-Staaten (darunter vieler qualifizierter Arbeitskräfte) ist einer der Hauptgründe für die hohe Zuwanderung zwischen 2011 und 2019. Zweitens wäre es offenkundig unsinnig und ethisch kaum vertretbar, beim Familiennachzug, der seit 1973 zu den wichtigsten Zuzugsgründen gehört, per Gesetz Steuerungen nach beruflicher Qualifikation vorzunehmen. Und schließlich gilt das auch für das Asylsystem, über das in den letzten Jahren ein Großteil der Nicht-EU-Zuwanderer nach Deutschland kam. Es bleibt dann lediglich die Hoffnung, die nicht gezielt angeworbenen, sondern aus anderen Gründen zugereisten Migranten hierzulande aus- bzw. umzubilden. Das hat schon in vielen Fällen funktioniert, aber in der Breite konnten damit bislang nicht die erfolgreichen Werte Australiens oder Kanada erreicht werden, wo die meisten Zuwanderer schon qualifiziert ankommen und bei Bildung und Arbeitsmarkt auch in der Folgegeneration gleiche oder gar bessere Statistiken als die Einheimischen aufweisen.

Schlussendlich darf nicht vergessen werden, dass der Zuzugssaldo nicht nur durch die Zuwanderung, sondern auch durch die Höhe der Abwanderung bestimmt wird. Die Ärzte oder Ingenieure, die Deutschland nicht verlassen, brauchen später auch nicht aus dem Ausland angeworben werden. Umgekehrt muss man in Mangelberufen, wo der Mangel auch auf eine Abwanderung von Fachkräften zurückzuführen ist, über die Ursachen hierfür nachdenken, die sicherlich nicht vorwiegend demographischer Natur sind. Die Nettoabwanderung deutscher Staatsangehöriger summierte sich zwischen 2016 und 2024 immerhin auf 670 000 auf. Das Problem der Abwanderung qualifizierter Arbeitskräfte erstreckt sich aber auch auf Menschen mit ausländischen Wurzeln, die beispielsweise zum Studieren oder Arbeiten nach Deutschland gekommen sind oder sogar schon hier aufgewachsen und zur Schule gegangen sind, aber mit ihren Qualifikationen trotz gelungener Integration fortziehen.

4.3 Maßnahmen zur Stabilisierung oder Steigerung der Bevölkerungsgröße

Während mehr Geburten oder mehr Zuwanderer den Anstieg des Altenquotienten und die damit verbundenen Mehrkosten bei der Rente sowie auch andere im Kontext des demographischen Wandels diskutierten Probleme nur bedingt lindern können, wird die Gesamtbevölkerungszahl in Deutschland dadurch unmittelbar und in starkem Maße beeinflusst. Wenn die Geburtenrate von 1,35 (2024) wieder auf das Niveau von 2021 (1,59 Kinder pro Frau) steigen würde, würde dies Deutschland bis zum Jahr 2050 eine um 3,6 Millionen höhere Einwohnerzahl bescheren. Den gleichen Effekt haben geringfügig erscheinende Differenzen in der jährlichen Zuwanderung: Bei 200 000 Zuwanderern netto im Jahr wohnen 2050 vier Millionen Menschen mehr in Deutschland im Vergleich zu einer jährlichen Rate von 100 000 Migranten. Mit 500 000 Zuwanderern im Jahr, wie von manchen Experten gefordert, steigt die Einwohnerzahl Deutschlands selbst bei konstant niedriger Geburtenrate bis 2050 auf 88 Millionen und liegt damit 12 Millionen über dem vom Statistischen Bundesamt in den 2000er Jahren noch als »hohes« Zuwanderungsszenario (200 000 im Jahr) betitelten Vergleichswert.

Falls also die Priorität der Politik sein sollte, die Einwohnerzahl Deutschlands möglichst hoch zu halten oder zu steigern, sind Erhöhungen der Geburten- oder Zuwandererzahl ein probates Mittel. Die Frage ist gleichwohl, welche Argumente für eine expansive Bevölkerungspolitik sprechen. Fiskalische Segnungen, Wohlstandssteigerungen und eine gesicherte Rente ergeben sich dadurch, wie wir bereits gesehen haben, nicht automatisch. Die Auswirkungen auf den Arbeitsmarkt wären bestenfalls ambivalent und im Falle sinkenden Arbeitsbedarfs etwa durch Digitalisierung und Globalisierung sogar problematisch. Themen wie Nachhaltigkeit, Umweltschutz oder bezahlbarer Wohnraum müssten folglich auf der politischen Agenda deutlich weniger Raum zugestanden werden.

4.4 Welche politischen Gruppierungen bevorzugen eine wachsende oder schrumpfende Bevölkerung?

Ein wichtiger Aspekt der Demographiedebatte ist die Tatsache, dass die Auswirkungen der Bevölkerungsentwicklung nicht von allen gesellschaftlichen Gruppen gleichermaßen positiv oder negativ empfunden werden. Auch von verschiedenen politischen Standpunkten aus werden daher oft unterschiedliche demographiepolitische Maßnahmen bevorzugt.

Konservative und rechte Parteien sprechen sich traditionell meist für ein Wachstum der Bevölkerung aus. Im religiös-konservativen Lager gelten niedrige Geburtenraten häufig als Bruch des biblischen Vermehrungsgebots und als Indikator für moralische Verkommenheit und erodierende Familienwerte. Rechtsnationale Gruppierungen sehen in Alterung und Schrumpfung der Bevölkerung schwindende militärische Stärke und nationale Bedeutung gegenüber rivalisierenden Mächten. So lösten die vergleichsweise niedrigen Geburtenraten im Frankreich der 1890er Jahre Panik unter Demographen mit Blick auf das hohe Wachstum Deutschlands und in Erwartung eines neuen Krieges aus und die Regierung setzte eine Kommission für das »Problem der Entvölkerung« ein. Als auch in Deutschland die Geburtenraten fielen, ging auch hierzulande die Angst vor dem »Volkstod« und dem »Untergang der nordischen Rasse« angesichts der stärkeren Vermehrung anderer Ethnien um. Die Frage muss erlaubt sein, inwiefern diese Rhetoriken von damals heutigen konservativen Parteien noch als Grundlage ihrer Bevölkerungspolitik dienen können. Wird die militärische Stärke eines Landes im Zeitalter von Drohnenkriegen noch über die Bevölkerungszahl definiert, und wäre es im vereinten Europa wirklich eine nationale Katastrophe, wenn z.B. Frankreich mehr Einwohner aufwiese als Deutschland? Deutschland ist auch nicht mehr wie Preußen zu Zeiten Friedrichs des Großen – nämlich ein zu großen Teilen spärlich bewohntes Land, das es nach Siebenjährigem Krieg und Hungersnöten zu »repeuplieren« gilt, wodurch sich sicherlich zu Teilen die sprichwörtliche Liberalität des »Alten Fritz« erklärt.

Anders als in den USA spielt auch die religiöse Rechte hierzulande kaum eine Rolle. Moderne konservative Parteien setzen zwar auch auf traditionelle Familienwerte, aus denen man eine Bevorzugung von Familien mit Kindern ableiten kann. Andere Ziele wie Wohlstand, Sicherheit, Rechtsstaatlichkeit, individuelle und unternehmerische Freiheit und Selbstverantwortung oder wissenschaftlicher Fortschritt haben dagegen keine inhärente Verbindung zu einer bevölkerungsexpansiven Politik. Und da aktuell konservative Parteien die Zuwanderung meist eher begrenzen als ausweiten wollen, können sie den Wert einer Bevölkerungssteigerung eigentlich nur noch pronatalistisch begründen.

Unter *wirtschaftsliberalen Gruppen* steht ein Wachstum der Bevölkerung meist für ein Wachstum der Volkswirtschaft, der Inlandsnachfrage und des Arbeitskraftpotenzials. Wie bereits dargelegt, ist allerdings ein Wachstum der Volkswirtschaft insgesamt nicht mit einer Steigerung des Pro-Kopf-Wohlstandes gleichzusetzen. Wenn das Wachstum durch hohe Geburtenraten oder vorwiegend geringqualifizierte Zuwanderung zustande kommt, kann das Pro-Kopf-Einkommen in der Folge sogar sinken. Die Frage ist dann, ob man unter dem »Gemeinwohl«, das es gesamtgesellschaftlich zu optimieren gilt, klassisch liberal das Wohl des Individuums versteht – folglich wären wohl die pro-Kopf-Konsequenzen wichtiger –, oder ob man das Wohl bestimmter Gruppen wie Arbeitgeber oder Immobilienbesitzer stärker gewichtet und damit zugunsten des Wirtschaftsstandorts Deutschland nachteilige Folgen für den Durchschnittseinwohner bei Einkommen, Arbeitsmarktchancen oder dem immateriellen Lebensstandard (z. B. Umweltqualität) in Kauf nimmt. Das ist kein illegitimer Standpunkt per se, aber wenn man ihn vertritt, sollte diese Priorisierung auch offen kommuniziert werden. Jedenfalls sollte man sich nicht hinter dem rhetorischen »Deutschland« verstecken, das angeblich dieses oder jenes brauche. Der Kern liberaler Ideologie ist aber letztendlich das Recht des Individuums, das eigene Leben selbst zu bestimmen – insbesondere gegen einen übergriffigen Staat. Dieser Maßstab legt nahe, die Präferenzen der Individuen hin zu weniger Kindern zu respektieren, auch wenn die gesamtgesellschaftlichen Konsequenzen bei manchen Kennzahlen nachteilig ausfallen mögen.

Für *linke und grüne Parteien* ist die Unterstützung einer expansiven Bevölkerungspolitik besonders erklärungsbedürftig. Im Kern linker

Weltbilder steht der Gegensatz zwischen Arbeit und Kapital, und es gibt keine plausible theoretische oder empirische Begründung dafür, dass es für Arbeitnehmer, Bedürftige, Arbeitslose, Mieter usw. in ihrer Position auf dem jeweiligen Markt von Vorteil wäre, immer zahlreicher zu werden. Den inhaltlichen Kern grüner Bewegungen bildet hingegen der Nachhaltigkeitsgedanke. Eine immer weiter steigende Einwohnerzahl läuft auch dem tendenziell zuwider.

Eine Interpretation der Tatsache, dass auch linke und grüne Parteien heute regelmäßig vor dem demographischen Wandel warnen und diesem mit bevölkerungsexpansiven Maßnahmen begegnen wollen, könnte sein, dass (vermeintlich) wirtschaftsliberale Normen wie der Primat des gesamtwirtschaftlichen Wachstums über andere Staatsziele heute auch das Denken linker und grüner Politiker dominieren. Auch könnten nach jahrzehntelangem Krisendiskurs Floskeln wie »der demographische Wandel gefährdet unseren Wohlstand« heute trotz ihres zweifelhaften Wahrheitsgehalts von keiner politischen Seite aus mehr hinterfragt werden. Aufgrund der allgemeinen Akzeptanz dieser Dogmen ist es vielleicht schlicht einfacher, mit der kognitiven Dissonanz zu leben, dass die propagierte Demographiepolitik den eigenen Zielen zuwiderläuft, als eine leidige Debatte über die Gültigkeit von der Mehrheit geteilter Prämissen anzustoßen.

Schließlich könnte auch das Erstarken des Rechtspopulismus eine Rolle spielen, denn dessen Bekämpfung ist heute oftmals das Thema, das linke und liberale Parteien vereint und zu gehaltvoller Politik motiviert. Allen rechtspopulistischen Strömungen ist die Forderung nach einer Begrenzung der Zuwanderung gemein, die von linken und grünen Parteien heutzutage in der Regel abgelehnt wird. Da dies wiederum nur schwer über die Arbeitsmarktinteressen der Arbeiterschicht oder die Eindämmung von Verkehr und Flächenverbrauch begründbar ist, bietet sich der »Kampf gegen den demographischen Wandel« als scheinbar ideologieübergreifendes Begründungsnarrativ an. Dabei ist offensichtlich, dass die Ablehnung einer nicht durchdachten Bevölkerungsexpansion aufgrund der negativen Folgen auf Wohnungs-, Arbeitsmarkt oder Umwelt nicht mit Fremdenfeindlichkeit gleichzusetzen ist. Die negativen Konsequenzen treten sowohl bei einem Bevölkerungswachstum durch Zuwanderung als auch durch Vermehrung Einheimischer ohne Migrationshintergrund ein, wie es hierzulande ja in früherer Zeit in weit stärkerem Maße als anderswo der Fall war. Dies ist auch der Grund, weshalb Deutschland deutlich dichter besiedelt ist als die meisten anderen Weltregionen – nicht etwa wegen der heutigen Zuwanderung.

In jedem Falle ist also eine expansive Demographiepolitik nicht ohne weiteres aus den Kernideen der momentan wichtigsten politischen Strömungen ableitbar. Der demographische Wandel könnte demnach sehr wohl von verschiedenen ideologischen Standpunkten aus auch als Chance wahrgenommen werden. Das würde in der Regel sogar zu weit weniger konfligierenden idiosynkratischen Weltbildern führen.

4.5 Andere Handlungsoptionen in der Rentenpolitik

Maßnahmen, die nicht direkt die Demographie (über Geburten oder Zuwanderung) beeinflussen, haben sich oft als wirkungsvoller zur Bekämpfung der (oft vermeintlichen) Symptome des demographischen Wandels herausgestellt. Am Beispiel der Rentendebatte zeigt sich jedoch, dass die mit dem demographischen Wandel in Verbindung gebrachten Probleme in der öffentlichen Diskussion oft verkürzt dargestellt werden. Die Schlagzeilen lauten etwa: »Wir brauchen Rente mit 70 oder 500 000 Zuwanderer im Jahr.«[74] Damit wird suggeriert, es handle sich um ein System mit nur diesen zwei Stellschrauben. Das ist schlicht falsch. Nicht nur ist zweifelhaft, wie die Daten zeigen, dass 13 Millionen Zuwanderer bis 2050 das Rentensystem überhaupt entscheidend entlasten würden. Sondern es gibt selbst im Angesicht der unmittelbar bevorstehenden Pensionierungswelle der »Babyboomer« noch andere Handlungsoptionen.

Erstens ist bekannt, dass ein Sinken der Anzahl von Erwerbsfähigen nicht mit einem Sinken der Anzahl von Erwerbstätigen gleichgesetzt werden darf. In Deutschland gibt es auch heute noch sechs Millionen nicht- oder unterbeschäftigte Personen, die zur (Mehr-)Arbeit grundsätzlich bereit wären. Neben Arbeitslosen und Minijobbern sind das vor allem Frauen und Ältere, die nicht oder nur in Teilzeit arbeiten, jedoch gerne mehr tun würden. In den vergangenen Jahren konnte die Erwerbstätigenquote unter diesen Gruppen erheblich gesteigert werden, was zum heutigen Rekord bei der absoluten und relativen Zahl der sozialversicherungspflichtig Beschäftigten beigetragen hat. Es gibt keinen Grund, weshalb ein leichter Rückgang der Zahl der Erwerbsfähigen in Zukunft nicht durch den weiteren Abbau der »stillen Reserve« kompensiert werden könnte. Dies bedeutete sogar Einsparungen bei staatlichen Leistungen, denn 2025 gab es trotz allgemein niedriger Arbeitslosigkeit immerhin vier Millionen erwerbsfähige Bürgergeld-Empfänger. Im Ländervergleich zeigt sich beispielsweise, dass das heute schon stärker gealterte Deutschland einen günstigeren Erwerbstätigenkoeffizienten aufweist als viele demographisch noch jüngere EU-Staaten wie etwa Frankreich. Umgekehrt bedeutet eine pauschale Erhöhung der Zahl der Erwerbsfähigen mit dem Ziel, den Altenkoeffizienten nicht zu stark ansteigen zu lassen, nicht von vornherein, dass dadurch auch die Zahl der tatsächlich sozialversicherungspflichtig Beschäftigten so stark ansteigt, dass deren Einzahlungen in die Rentenkasse größer sind als die Mehrausgaben an anderer Stelle (z. B. durch neue Nichterwerbspersonen).

Eine weitere zentrale Option sind (vorübergehend) stärkere Zuschüsse aus Steuermitteln in die Rentenkasse. Schon heute bringt der Bund ein gutes Viertel der Einnahmen der gesetzlichen Rentenversicherung auf. Man kann darüber streiten, ob man einen weiteren Anstieg dieses Anteils in Zukunft zulassen will oder nicht. Macht es einen Unterschied, ob die arbeitende Bevölkerung die Senioren über Rentenversicherungsbeiträge oder Steuern finanziert? Klar ist jedoch: Der aktuelle Finanzierungsmix ist nicht in Stein gemeißelt, und es ist kein Automatismus, dass das System »zusammenbricht«, wenn nicht die angesprochene drastische Erhöhung des Renteneintrittsalters oder umgekehrt ein stärkeres Absenken des Auszahlungsniveaus erfolgt. Vielmehr kann man es als gesamtgesellschaftliche Aufgabe ansehen, auch in einer alternden Gesellschaft für einen angemessenen Lebensstandard im Alter zu sorgen, womit weitere Zuschüsse aus Steuermitteln möglich wären. Schließlich ist ein längeres Leben ein zivilisatorischer Fortschritt, der potenziell allen zugutekommt.

Dann sind Einsparungen an anderer Stelle indiziert, deren Priorität man im demokratischen Willensbildungsprozess als geringer einstuft.

Außerdem muss bedacht werden, dass die seit Jahrzehnten niedrige Geburtenrate den Staat lange Zeit viel stärker ent- als belastet hat, denn es waren zuletzt nur noch halb so viele Kinder zu betreuen und auszubilden wie noch 1965. Hinzukommen die weiteren positiven Effekte der »demographischen Dividende« etwa dadurch, dass Frauen stärker in ihr Humankapital investierten und in Wirtschaft und Gesellschaft einbrachten, als dies mit doppelt so vielen Kindern möglich gewesen wäre. Dadurch steht Deutschland letztendlich heute auf dem Zenit seiner demographisch determinierten Wirtschaftsleistung – es gibt so viele Erwerbstätige wie nie zuvor und zugleich wenige Kinder sowie lange Zeit nur mäßig viele Senioren zu versorgen. Dass diese bis etwa 2025 genossene »Rendite« in Zukunft eine Rechnung in Form von höheren Kosten für die Rente nach sich zieht, ist seit Jahrzehnten bekannt. Demzufolge können diese höheren Kosten als gesamtgesellschaftlich zu tragende (und finanzierende) Aufgabe angesehen werden.

Schlussendlich soll auf die Möglichkeit hingewiesen werden, das umlagefinanzierte System hin zu einer freiheitlicheren, individualisierteren Variante zu reformieren. Der Grund dafür, dass die Alterung der Gesellschaft ein großes Problem für das Rentensystem darstellt, liegt schließlich darin begründet, dass die Erwerbstätigen im gesetzlichen System nicht in ihre eigene Vorsorge »einzahlen«, sondern mit ihren Beiträgen direkt die Bezüge der heutigen Rentner finanzieren. Gäbe es wirklich ein »Einzahlen« in eine individuelle Vorsorge, die nach Pensionierung den eigenen Lebensabend bezahlt, bräuchte es natürlich immer noch junge Menschen, die Felder ernten und Dächer decken und damit die materielle Gegenleistung für die z. B. in Immobilien, Aktien oder Sparverträgen steckenden Altersvorsorgen erwirtschaften. Aber diese jungen Menschen gibt es, wenn auch weniger zahlreich, ja schließlich auch in den pessimistischen Szenarien der demographischen Vorausberechnung noch, in denen auf einen Senioren Mitte des Jahrhunderts immer noch 1,8 Erwerbsfähige kommen. Wenn die Altersvorsorge stärker individualisiert gewesen wäre, würden die Staatskassen in deutlich geringerem Maße vor einem Finanzierungsloch durch den Renteneintritt der »Babyboomer« stehen: Diese würden dann einfach ihre private Vorsorge einlösen. Ein vermehrtes Liquidieren privater Rentenversicherungen bei gleichzeitigem Rückgang der Wertschöpfung (durch die geringere Zahl der Erwerbstätigen) bedeutete zwar ein gewisses Inflationsrisiko, aber für die öffentlichen Finanzen wäre das zumindest unmittelbar ein geringeres Problem als ein starker Anstieg der Steuer-Querfinanzierung der gesetzlichen Rentenversicherung, die heute schon 20 % des gesamten Bundeshaushalts ausmacht.

Der beste Zeitpunkt für einen Wechsel weg vom umlagebasierten System wäre Anfang der 1970er Jahre gewesen, als die Geburtenzahl eingebrochen und die Adenauer-Devise, »Kinder bekommen die Leute immer«, widerlegt worden war. Seitdem konnte man ziemlich genau ausrechnen, wann dieses System, bei dem die aktuellen Erwerbstätigen die aktuellen Rentner finanzieren, enorme demographisch bedingte Probleme bekommen würde. Nach 50 Jahren ohne grundsätzliche Reformen ist ein finanzierungsneutraler, abrupter Systemwechsel inmitten der Pensionierungswelle der »Babyboomer« natürlich nicht mehr möglich. Dennoch wäre eine Reform in diese Richtung heute sinnvoller, als sie gar nicht anzugehen. Ein Blick in andere Länder zeigt, dass das deutsche System nicht alternativlos ist. Einen riesigen Kapitalstock wie den Rentenfonds im rohstoffreichen Norwegen lässt sich über Nacht selbstverständlich nicht herbeizaubern. Aber auch beispielsweise die Niederlande zeigen einen alternativen Weg auf: Dort wird über die Pflichtbeiträge der Erwerbstätigen lediglich eine Grundrente finanziert. Alles darüber hinaus wird von den Beschäftigten im betrieblichen oder privaten Kontext angespart – insbesondere ersterer nimmt eine stärkere Rolle als in Deutschland ein, und hier handelt es sich um tatsächliche Einzahlungen in Fonds anstatt um eine unmittelbare Umverteilung. Auch das niederländische System gerät durch den demographischen Wandel unter Druck, aber in schwächerem Maße als das deutsche.

Eine stärkere Individualisierung könnte hierzulande beispielsweise bedeuten, ebenfalls nur noch die Grundrente über das umlagenfinanzierte System bereitzustellen, wodurch die Beiträge sinken, was den Erwerbstätigen größeren Spielraum für private Vorsorge einräumt. Schließlich betrug schon im Jahr 2024, also vor der großen Renteneintrittswelle der »Babyboomer«, der durchschnittliche Auszahlungsbetrag im gesetzlichen System nach 40 Versicherungsjahren nur rund 1 340 Euro. Gleichzeitig empfiehlt die Deutsche Rentenversicherung, bei einem Einkommen von weniger als 1 062 Euro prüfen zu lassen, ob ein Anspruch auf Grundsicherung im Alter bestehe. Vier Jahrzehnte auf durchschnittlichem Niveau einzuzahlen, ergibt in diesem System also nur unwesentlich höhere Gegenleistungen, als wenn man überhaupt nicht eingezahlt hätte. Und hierfür werden vom gesetzlichen Bruttolohn 18,6 % einbehalten, in Zukunft womöglich noch mehr. Angesichts dieser hohen verpflichtenden Abgabe bleibt dem typischen Erwerbstätigen, der zusätzlich Steuern, Krankenversicherungs- und andere Beiträge abführen muss, nicht mehr viel Spielraum, zusätzlich noch privat fürs Alter vorzusorgen. Vor dem Hintergrund dieser Zahlen wäre es auch ohne demographischen Wandel naheliegend, das System nicht nur kosmetisch zu reformieren.

5 Fazit

Seit bald 50 Jahren sterben in Deutschland jedes Jahr mehr Menschen als geboren werden. Bis heute hat sich diese Entwicklung auf dem Arbeitsmarkt und in den Sozialsystemen noch kaum negativ bemerkbar gemacht, da die vor dem »Pillenknick« geborenen »Babyboomer« der 1960er Jahre im Jahr 2025 noch größtenteils erwerbstätig waren – sie stellen beispielsweise noch zwei Drittel aller Ärzte. Die Zahl der Erwerbstätigen liegt 2025 in Deutschland daher auf einem historisch absoluten wie relativen Rekordniveau. Zwischen 2025 und 2035 werden diese großen, den Altersaufbau Deutschlands stark dominierenden Kohorten jedoch in den Ruhestand treten. Dann wird sich der Quotient von Erwerbsfähigen zu Rentnern abrupt verschlechtern. Auf einen Menschen über 64 Jahren kommen dann weniger als zwei anstatt wie heute 2,5 Erwerbsfähige zwischen 20 und 64 Jahren.

Genau das ist die große Herausforderung des demographischen Wandels – mehr als etwa die Gefahr einer möglicherweise leicht zurückgehenden Gesamtbevölkerung. Deutschlands Einwohnerzahl könnte sich halbieren und die Bevölkerungsdichte wäre immer noch höher als jene Frankreichs. Eine »Entvölkerung« diesen Ausmaßes ist jedoch selbst in den extremsten Szenarien nicht in Sicht. Selbst im Falle geringer Neuzuwanderung würde die Bevölkerung nur langsam schrumpfen – bis 2050 auf dann immer noch knapp 80 Millionen Menschen mit einer durchschnittlichen Rate von – 0,5 % pro Jahr, was Experten als eine für den Pro-Kopf-Wohlstand nicht unmittelbar kritische Entwicklung ansehen. Zudem entlastet der demographische Wandel die heutigen Probleme auf dem Wohnungsmarkt und erleichtert das Erreichen der Klimaschutzziele.

Kommen in Zukunft rund 300 000 Migranten pro Jahr, bleibt die Gesamtbevölkerung bis Mitte des 21. Jahrhunderts selbst bei gleichbleibender Geburtenrate so gut wie konstant. Der Anstieg des Altenkoeffizienten würde dadurch aber nur geringfügig abgemildert. Acht Millionen zusätzliche Migranten bis 2050 können die Altersstruktur zwar etwas verjüngen, verstärken aber natürlich die schon heute nicht unwesentlichen Herausforderungen bei der Integration in den Schulen und auf dem Arbeitsmarkt.

Würde eine steigende Geburtenrate die Probleme bei der Rente lösen? Nein, im mittelfristigen Horizont gelingt das nicht und käme um mehrere Jahrzehnte zu spät: Der unmittelbar bevorstehende Anstieg des Altenkoeffizienten bliebe dadurch unberührt. Längerfristig ergäbe sich zwar eine leichte Verjüngung der Altersstruktur. Ob diese zusätzlichen Erwerbsfähigen in zwei Jahrzehnten allerdings eine »demographische Lücke« schließen werden oder ob bis dahin der Arbeitskräftebedarf durch Globalisierung, Automatisierung und Künstliche Intelligenz nicht sogar zurückgegangen sein wird, ist ungewiss. Klar ist jedenfalls, dass es zur Vermeidung eines Fachkräftemangels in bestimmten Branchen mehr auf Bildung und berufliche Qualifikation ankommen wird. Denn der drohende Ärztemangel wird beispielsweise nicht über eine rein quantitative Erhöhung der Bevölkerungszahl behoben. Es gibt viele gute Gründe, etwa die Vereinbarkeit von Familie und Beruf zu verbessern und dadurch Paaren die gewünschte Kinderzahl zu ermöglichen. Die Annahme jedoch, mit mehr Geburten könnte man die genannten Herausforderungen im Zusammenhang mit dem demographischen Wandel bekämpfen, ist rechnerisch nicht nachvollziehbar.

Natürlich kommen auf Unternehmen Personalprobleme zu, wenn die ins arbeitsfähige Alter nachrückenden Jahrgänge nur noch halb so groß sind wie die in den Ruhestand tretenden »Babyboomer«. Über alle Sektoren und Qualifikationsniveaus hinweg nur auf die Bevölkerungszahl zu achten, ist aber im digitalen Zeitalter zu kurz gedacht. Fachkräfteengpässen in einzelnen Branchen könnten durchaus Berufszweige gegenüberstehen, in denen durch Digitalisierung und globale Verlagerungen die Nachfrage nach Arbeit stärker sinkt als das Angebot im Zuge des Renteneintritts der »Babyboomer«. Außerdem darf man die an sich legitimen Interessen der Unternehmen nicht mit dem »Gemeinwohl« gleichsetzen. Die Erwerbsbevölkerung hat wohl eher ein Interesse daran, dass auf dem Arbeitsmarkt kein starker Angebotsüberschuss herrscht, weshalb ihr der demographische Wandel zumindest unmittelbar eher nutzt als schadet. Letztendlich handelt es sich um einen Ziel- und Interessenkonflikt, bei dem es keine objektiv richtige oder falsche Lösung gibt. Ein »leergefegter« Arbeitsmarkt birgt Risiken, aber Vollbeschäftigung und gut gefüllte Staatskassen sind aus Sicht weiter Bevölkerungsteile vielleicht wünschenswerter als das Gegenteil, nämlich eine steigende Arbeitslosigkeit und damit einhergehende soziale Probleme wie Kriminalität. Vor diesem Hintergrund ist auch der Neid auf andere Staaten wie Frankreich, die rein aufgrund ihrer höheren Geburtenrate angeblich »demographisch viel besser« dastünden, fragwürdig. Oder hilft es den jungen Menschen in den Vorstädten von Paris oder Marseille, die unter der hohen Jugendarbeitslosigkeit leiden, zu wissen, dass Frankreich durch seinen etwas zahlreicheren Nachwuchs weniger schnell altert als Deutschland, wo fast alle Jugendlichen einen Ausbildungs- und Arbeitsplatz bekommen?

Die häufig in der öffentlichen Diskussion beschworenen Szenarien, wonach überalternde und schrumpfende Gemeinden ihre Kindergärten schließen und Wohnungen abreißen müssen, betreffen in Deutschland nur eine kleine Minderheit strukturschwacher Landkreise mit hausgemachten Problemen. Im größten Teil des Landes würde ein leichter Rückgang auf dem Wohnungsmarkt oder in Grundschulen eher zu Entspannung bei weiterhin hoher Auslastung anstatt zu postapokalyptischer Leere führen.

Wichtig ist auch zu betonen, dass die Zahl der Senioren im Zuge der demographischen Entwicklung nicht auf unabsehbare Zeit immer weiter ansteigt, wie oft fälschlicherweise angenommen. Ein starker Anstieg des Altenkoeffizienten steht unmittelbar bevor, aber nur bis zum Jahr 2035. Danach bleibt die relative Zahl der Alten im Verhältnis zu den Erwerbsfähigen eher konstant, weil ab dann kleinere Jahrgänge ins Rentenalter eintreten. Wenn man auch die Kinder mit zur »abhängigen« Bevölkerung zählt, liegt der Quotient der Erwerbsfähigen Mitte des 21. Jahrhunderts wieder in etwa auf dem Niveau der 1960er Jahre, also vor dem »Pillenknick«. Als Schreckensszenario kann man das wohl kaum bezeichnen.

Das alles spricht dafür, den demographischen Wandel weitgehend gewähren zu lassen, anstatt dessen Folgen mit einer undurchdachten Politik zu verschlimmbessern. In erster Linie ist die gestiegene Lebenserwartung der Bevölkerung schließlich ein Zeichen für medizinischen und gesellschaftlichen Fortschritt. In den nächsten Jahren die Mehrkosten für die Rente aufzubringen, ohne den Älteren ihre Lebensleistung abzuerkennen oder die Jüngeren unverhältnismäßig zu belasten – das scheint durchaus machbar, wenn sich die Politik der Herausforderung annimmt. Langfristig gibt es sicherlich gute Gründe dafür, mit geeigneten Maßnahmen eine Erhöhung der Geburtenrate auf Werte oberhalb von 1,6 oder sogar wieder auf ca. zwei Kinder je Frau anzustreben. Um wieder in die Nähe des bestanderhaltenden Niveaus zu kommen, bräuchte es aber nicht nur andere familienpolitische Anreize, sondern in viel stärkerem Maße auch einen Kulturwandel. Denn momentan möchten die meisten Deutschen einfach nicht mehr Kinder bekommen. Das kann man bedauern, muss es aber akzeptieren.

Anmerkungen

1 Gemäß der »mittleren« Variante der Bevölkerungsfortschreibung, siehe: Statistisches Bundesamt 2009.
2 Siehe hierzu z. B. die Modellrechnungen in Deschermeier 2016 oder Weber 2015.
3 Vgl. Teitelbaum 2004.
4 Welt 2002.
5 Vgl. Kholodilin 2017.
6 Faz.net 2017a.
7 So etwa der US-amerikanische Ökonom Julian Simon, der aus einer wachsenden Weltbevölkerung grundsätzlich positive Folgen u. a. für die Wirtschaft erwartete. Gefragt, was mit dem Recht anderer Spezies auf Lebensraum sei, antwortete er (Simon 1990, S. 60): »About ›the rights of nonhuman species to exist‹ (…): Our values differ. In trade-offs between human beings and the rest of nature, my sympathies usually lie with people.«
8 Siehe Statistisches Bundesamt 2025.
9 Vgl. z. B. Bongaarts und Sobotka 2012.
10 Vgl. z. B. Kreyenfeld 2004.
11 So z. B. T-Online 2018 und Metzler 2024.
12 Vgl. hierfür und für die folgenden Angaben Statistisches Bundesamt 2018a sowie Statistisches Bundesamt 2018b.
13 Vgl. Statistisches Bundesamt 2017a.
14 Pötzsch 2025.
15 Siehe Statistisches Bundesamt 2013.
16 So etwa Dyson 2010.
17 Siehe Bundesinstitut für Bau-, Stadt- und Raumforschung 2025.
18 Caldwell 1976.
19 Vgl. z. B. Lutz/Qiang 2002.
20 Lutz u. a. 2010.
21 Vgl. z. B. Zeit Online 2018.
22 Vgl. z. B. Kuhnt et al. 2017.
23 Smith et al. 2024.
24 La Ferrara et al. 2012.
25 Siehe hierzu etwa die Daten des Bundesinstituts für Bevölkerungsforschung 2018.

26 Vgl. hierzu z. B. Etzemüller 2007.

27 Statistisches Reichsamt 1940, S. 518.

28 Stellvertretend für viele Prognosen: Birg 1998.

29 Manche Wanderungsbewegungen sind recht stabil über die Zeit, z. B. der Umzug jüngerer Erwachsener aus ländlichen Regionen in Großstädte. Dagegen sind insbesondere Fluchtbewegungen zwischen Ländern auch mit modernen Machine-Learning-Methoden kaum vernünftig vorhersehbar, vgl. z. B. Weber 2020.

30 Zugrunde liegen den in Abbildung 5 dargestellten Prognosen jeweils 10 000 Zeitreihenmodelle für altersspezifische Geburten-, Sterbe- und Nettozuzugsraten, die die in der Vergangenheit beobachteten Trends in die Zukunft extrapolieren und dabei zufällig ausgewählte Werte aus früher beobachteten Trends einbauen. So entstehen beispielsweise Szenarien, in denen die Geburtenrate wieder auf das vergleichsweise hohe Niveau von 2016 bis 2021 steigt, während andere Pfade einen weiteren Rückgang modellieren. Probabilistische Prognosen der demographischen Kennwerte Deutschlands basierend auf den Annahmen der Vereinten Nationen finden sich beispielsweise in Azose u. a. (2016), wobei diese den jüngsten Anstieg bei der Zuwanderung noch nicht beinhalten und als Konsequenz bis Mitte des 21. Jahrhunderts auf etwas niedrigere Bevölkerungszahlen kommen. Bei Vanella und Deschermeier (2018) ist dieser Anstieg schon enthalten und die prognostizierten Migrationsraten fallen deutlich höher aus. Fuchs u. a. (2018) kommen mit ähnlichen wie den hier verwendeten Methoden und trotz der berücksichtigten Flüchtlingszuwanderung auf langfristige Prognosen von 120 000 Zuwanderern im Jahr, was eher der »niedrigen« Variante des Statistischen Bundesamts entspricht. Die in der vorliegenden Berechnung (▶ Abb. 5) enthaltenen Migrationsprognosen fallen im Schnitt höher als bei Fuchs u. a. (2018), aber niedriger als bei Vanella und Deschermeier (2018).

31 Durch diese Annahmen decken sich die langfristigen Ergebnisse der hier angestellten Modellrechnungen weitgehend mit den Projektionen des Statistischen Bundesamts 2015; an dieser Stelle werden aber zusätzliche Varianten mit z. B. höherer Zuwanderung dargelegt, die die offiziellen Projektionen nicht beinhalten.

32 Den gängigen demographischen Konventionen folgend (wie auch etwa das Statistische Bundesamt), wird hier zur Berechnung des Altenquotienten ein Alter ab 65 Jahren als »Rentenalter« angesehen, auch wenn das gesetzliche oder tatsächliche Renteneintrittsalter hiervon abweichen kann.

33 Siehe für diese Fragestellung z. B. Lanzieri 2011 sowie Weber 2015.

34 Auch der rechtliche Status von Zuwanderern, also beispielsweise wie viele Flüchtlinge nur befristete Aufenthaltserlaubnisse besitzen, wird in den Analysen hier vernachlässigt.

35 Keilman 2008.

36 Alders u. a. 2007.

37 Brücker und Siliverstovs 2006.

38 Vgl. für ähnliche Ergebnisse z. B. die Berechnungen des Bundesinstituts für Bevölkerungsforschung in: Burjard/Dreschmitt 2016.

39 Schmertmann 1992 oder auch Wu/Li 2003.
40 Statistisches Bundesamt 2024.
41 Vgl. z. B. Guardian 2025.
42 Burjard/Scheller 2017.
43 Vgl. Kholodilin 2017
44 Schirrmacher 2004; Birg 2005.
45 Vgl. z. B. Börsch-Supan 2012; Straubhaar 2016.
46 Z. B. Beetz 2007.
47 DIHK 2025.
48 Vgl. Bloom u. a. 2003.
49 Vgl. Parr u. a. 2016.
50 Faz.net 2017b.
51 Löhr 2018.
52 Weber/Weigand 2016.
53 Bloom u. a. 1988.
54 Vgl. Cooke 2006.
55 Zitiert in Doll 2018.
56 Headey/Hodge 2009.
57 Weber/Weigand 2016.
58 Vgl. Teitelbaum 2004.
59 Vgl. z. B. Rowthorn 2008.
60 Lee/Mason 2016.
61 Kim u. a. 2015.
62 Ceballos u. a. 2015.
63 Victor u. a. 2017.
64 Bundesregierung 2012 im Vergleich mit Bundesregierung 2016.
65 Vgl. z. B. Boran 2024.
66 So stellte Thomas Robert Malthus Ende des 18. Jahrhunderts seine bekannte Theorie auf, wonach sich die Menschheit immer schneller vermehrte als der landwirtschaftliche Ertrag, was seither aber durch enorme Produktivitätsfortschritte in der Nahrungsmittelproduktion widerlegt wurde. Auch trafen die Szenarien des Club of Rome aus den 1970er Jahren nicht ein, der in seinem berühmten Bericht *Die Grenzen des Wachstums* ein Versiegen natürlicher Ressourcen wie Erdöl, Erdgas oder Silber noch innerhalb des 20. Jahrhunderts vorausberechnete, falls der Konsum sich im damaligen Tempo fortentwickeln sollte. Daraus lässt sich aber natürlich nicht ableiten, dass jegliches weitere Wachstum der Bevölkerung und des Konsums ohne jede Folgen für Umwelt und natürliche Ressourcen bleiben wird. Beispielsweise wurde auch schon in der Vergangenheit die Zerstörung des Regenwalds bis zum Jahr 2011 prophezeit, was so nicht eingetreten ist. Heißt das, dass man sich um den Regenwald also keine Sorgen mehr machen müsse? Wohl kaum, denn jedes Jahr verliert die Welt eine Fläche an Wald von der Größe Bayerns. Die Situation ist heute weit dramatischer als vor Jahrzehnten, als

man vielleicht auch schon über das Problem sprach und sich an Vorhersagen versuchte.

67 Z. B. O'Neill u. a. 2010.

68 Liddle 2014.

69 Lutz 2009.

70 Für die Methodik sowie weitere Details hierzu vgl. Weber/Sciubba 2018.

71 Wilson/Daly 1985.

72 McCall u. a. 2013.

73 Bonin 2015.

74 Eckert/Michler 2018.

Literaturverzeichnis

Alders M./Keilman N./Cruijsen H. (2007), Assumptions for long-term stochastic population forecasts in 18 European countries, in: European Journal of Population 23, S. 33–69.

Azose J./Ševčíková H./ Raftery A. (2016), Probabilistic population projections with migration uncertainty, in: Proceedings of the National Academy of Sciences 113 (23), S. 6460–6465.

Beetz S. (2007), Die Demographisierung ökonomischer, kultureller und sozialer Veränderungen am Beispiel des ländlichen Raums, in: Barlösius E./Schiek D. (Hgg.), Demographisierung des Gesellschaftlichen. Analysen und Debatten zur demographischen Zukunft Deutschlands. Wiesbaden, S. 221–246.

Birg H. (1998), Demographisches Wissen und politische Verantwortung. Überlegungen zur Bevölkerungsentwicklung Deutschlands im 21. Jahrhundert, in: Zeitschrift für Bevölkerungswissenschaft 23 (3), S. 221–251.

Birg, H. (2005), Die demographische Zeitenwende. München.

Bloom D./Canning D./Sevilla J. (2003), The demographic dividend: A new perspective on the economic consequences of population change. Santa Monica.

Bloom D./Freeman R./Korenman S. (1988), The labour-market consequences of generational crowding, in: European Journal of Population 3 (2), S. 131–176.

Bongaarts J./Sobotka T. (2012), A demographic explanation for the recent rise in European fertility, in: Population and Development Review 38 (1), S. 83–120.

Bonin H. (2015), Langfristige fiskalische Erträge künftiger Zuwanderung nach Deutschland, in: Analysen und Berichte, ZBW Leibniz-Informationszentrum Wirtschaft, DOI: 10.1007/s10273-015-1816-9.

Boran M. (2024), Elon Musk issues birth rate warning: »Mass extinction«, in: newsweek.com (online, Zugriff am 24.09.2025 unter https://www.newsweek.com/elon-musk-issues-birth-rate-warning-mass-extinction-1963081).

Börsch-Supan A. (2012), Wie gut können wir die Folgen des demographischen Wandels abschätzen? Was ist sicher? Wozu brauchen wir bessere Daten?, in: AStA Wirtschafts- und Sozialstatistisches Archiv 6 (1–2), S. 65–82.

Brücker H./Siliverstovs B. (2006), Estimating and forecasting European migration: methods, problems and results, in: Zeitschrift für Arbeitsmarktforschung – Journal for Labour Market Research 39 (1), S. 35–56.

Burjard M./Dreschmitt K. (2016), Szenarien der Bevölkerungsentwicklung bis 2060. Wie beeinflussen Migration und Geburten Deutschlands Zukunft?, in: Gesellschaft – Wirtschaft – Politik (GWP) 3, S. 333–345.

Burjard M./Scheller M. (2017), Impact of regional factors on cohort fertility. New estimations at the district level in Germany, in: Comparative Population Studies 42, S. 55–88.

Bundesinstitut für Bau-, Stadt- und Raumforschung (2025), Siedlungsstruktureller Kreistyp, in: bbsr.bund.de (online: Zugriff am 25.11.2025 unter https://www.bbsr.bund.de/BBSR/DE/forschung/raumbeobachtung/Raumabgrenzungen/deutschland/kreise/siedlungsstrukturelle-kreistypen/kreistypen.html).

Bundesinstitut für Bevölkerungsforschung (2025a), Lebendgeborene und rohe Geburtenziffer in Deutschland (1841–2023), in: bib.bund.de (online, Zugriff am 25.11.2025 unter https://www.bib.bund.de/DE/Fakten/Fakt/F01-Lebendgeborene-Geburtenziffer-ab-1841.html).

Bundesinstitut für Bevölkerungsforschung (2025b), Säuglingssterblichkeit in Deutschland (1872–2023), in: bib.bund.de (online, Zugriff am 25.11.2025 unter https://www.bib.bund.de/DE/Fakten/Fakt/S10-Saeuglingssterblichkeit-ab-1872.html).

Bundesregierung (2012), Nationale Nachhaltigkeitsstrategie. Fortschrittsbericht 2012, in: bundesregierung.de (online, Zugriff am 25.11.2025 unter https://www.bundesgesundheitsministerium.de/fileadmin/Dateien/5_Publikationen/Forschungsberichte/2012/2012_2/Nationale_Nachhaltigkeitsstrategie_Fortschrittsbericht_2012.pdf).

Bundesregierung (2016), Deutsche Nachhaltigkeitsstrategie. Neuauflage 2016, in: bundesregierung.de (online, Zugriff am 25.11.2025 unter https://www.bundesregierung.de/resource/blob/2196306/318676/c80db9bd62361c5904cc8b2347cc959e/2017-01-11-nachhaltigkeitsstrategie-data.pdf).

Caldwell J. (1976), Toward a restatement of demographic transition theory, in: Population and Development Review 2 (3–4), S. 321–366.

Ceballos G./Ehrlich P./Barnosky A./Garcia A./Pringle R./Palmer T. (2015), Accelerated modern human-induced species losses: Entering the sixth mass extinction, in: Science Advances 1 (5), e1400253, DOI: 10.1126/sciadv.1400253.

Cooke M. (2006), Policy changes and the labour force participation of older workers: Evidence from six countries, in: Canadian Journal of Aging 25 (4), S. 387–400.

Deschermeier P. (2016), Einfluss der Zuwanderung auf die demographische Entwicklung in Deutschland, in: IW-Trends 2, S. 21–38.

DIHK (2025), IHK Unternehmensbarometer 2025, in: dihk.de (online, Zugriff am 24.09.2025 unter https://www.dihk.de/de/themen-und-positionen/wirtschaftspolitik/ihk-unternehmensbarometer-2025).

Doll N. (2018), Der Boomregion geht es sehr gut – zu gut?, in: welt.de (online, Zugriff am 25.11.2025 unter https://www.welt.de/wirtschaft/plus178501414/Arbeitsmarkt-So-lebt-es-sich-in-einem-Landkreis-mit-Vollbeschaeftigung.html).

Dyson T. (2010), Population and development: The demographic transition, London.

Eckert D./Michler I. (2018), Wir brauchen Rente mit 70 oder 500.000 Zuwanderer pro Jahr, in: welt.de (online, Zugriff am 25.11.2025 unter https://www.welt.de/wirtschaft/article175616647/Wir-brauchen-Rente-mit-70-oder-500-000-Zuwanderer-im-Jahr.html).

Etzemüller T. (2007), Ein ewigwährender Untergang: Der apokalyptische Bevölkerungsdiskurs im 20. Jahrhundert, Bielefeld.

Europäische Kommission (2025a), Fertility indicators by NUTS 3 region, in: europa.eu (online, Zugriff am 25.11.2025 unter https://ec.europa.eu/eurostat/databrowser/view/demo_r_find3).

Europäische Kommission (2025b), Population on 1 January by age group, sex and NUTS 3 region, in: europa.eu (online, Zugriff am 25.11.2025 unter https://ec.europa.eu/eurostat/web/products-datasets/product?code=demo_r_pjangrp3).

Faz.net (2017a), Bauland wird knapp – trotz freier Flächen, in: faz.net (online, Zugriff am 25.11.2025 unter http://www.faz.net/aktuell/wirtschaft/wohnen/bauen/wohnungsnot-bauland-wird-knapp-trotz-freier-flaechen-15227867.html).

Faz.net (2017b), Wanted: Fachkräfte in Deutschland, in: faz.net (online, Zugriff am 25.11.2025 unter http://www.faz.net/aktuell/wirtschaft/deutschland-droht-bis-2040-grosser-fachkraeftemangel-15175292.html).

Fuchs J./Söhnlein D./Weber, B./Weber, E. (2018), Stochastic forecasting of labor supply and population: An integrated model, in: Population Research and Policy Review 37 (1), S. 33–58.

Guardian (2025), Western Europeans say immigration is too high and poorly managed, survey finds, in: The Guardian (online, Zugriff am 24.11.2025 unter https://www.theguardian.com/uk-news/2025/feb/26/western-europeans-say-immigration-is-too-high-and-poorly-managed-survey-finds).

Headey D./Hodge A. (2009), The effect of population growth on economic growth: A meta-regression analysis of the macroeconomic literature, in: Population and Development Review 35 (2), S. 221–248.

Keilman N. (2008), European demographic forecasts have not become more accurate over the past 25 years, in: Population and Development Review 34 (1), S. 137–153.

Kholodilin K. (2017), Wanderungssalden der deutschen Metropolen, in: Der Landkreis 1–2/2017, S. 45–48.

Kim D.-H./Sexton J./Townshend J. (2015), Accelerated deforestation in the humid tropics from the 1990s to the 2000s, in: Geophysical Research Letters 42 (9), S. 3495–3501.

Kreyenfeld M. (2004), Fertility decisions in the FRG and GDR: An analysis with data from the German fertility and family survey, in: Demographic Research, Special Collection 3 (11), S. 275–318.

Kuhnt A.-K./Kreyenfeld M./Trappe H. (2017), Fertility ideals of women and men across the life course, in: Kreyenfeld M./Konietzka D. (Hgg.), Childlessness in Europe: contexts, causes, and consequences, Cham, S. 235–251.

La Ferrara E./Chong A./Duryea S. (2012), Soap operas and fertility: Evidence from Brazil, in: American Economic Journal: Applied Economics 4 (4), S. 1–31.

Lanzieri G. (2011), Fewer, older and multicultural? Projections of the EU populations by foreign/national background, in: Eurostat Methodologies and Working Papers, Luxemburg.

Lee R./Mason A. (2016), Is low fertility really a problem? Population ageing, dependency, and consumption, in: Science 346 (6206), S. 229–234.

Liddle B. (2014), Impact of population, age structure, and urbanization on carbon emissions/energy consumption: evidence from macro-level, cross-country analyses, in: Population and Environment 35, S. 286–304.

Löhr J. (2018), Digitalisierung zerstört 3,4 Millionen Stellen, in: faz.net (online, Zugriff am 25.11.2025 unter http://www.faz.net/aktuell/wirtschaft/diginomics/digitalisierung-wird-jeden-zehnten-die-arbeit-kosten-15428341.html).

Lutz W. (2009), Towards a world of 2–6 billion well-educated and therefore healthy and wealthy people, in: Journal of the Royal Statistical Society 172 (4), S. 701–705.

Lutz W./Cuaresma J./Abbasi-Shavazi M. (2010), Demography, education, and democracy: Global trends and the case of Iran, in: Population and Development Review 36 (2), S. 253–281.

Lutz W./Qiang R. (2002), Determinants of human population growth, in: Philosophical Transactions of the Royal Society B: Biological Sciences 357 (1425), S. 1197–1210.

McCall P./Land K./Dollar C./Parker K. (2013), The age structure-crime rate relationship: Solving a long-standing puzzle, in: Journal of Quantitative Criminology 29 (2), S. 167–190.

Metzler G.L. (2024), Geburtenrate massiv eingebrochen: Was wir ändern müssen, damit Deutschland wieder mehr Kinder bekommt, in: focus.de (online, Zugriff am 12.09.2025 unter https://www.focus.de/familie/massiver-einbruch-ab-januar-2022-die-geburtenrate-in-deutschland-ist-erneut-eingebrochen-ueber-die-gruende-und-folgen_id_259647574.html).

O'Neill B./Dalton M./Fuchs R./Jiang L./Pachauri S./Zigova K. (2010), Global demographic trends and future carbon emissions, in: Proceedings of the National Academy of Sciences 107 (41), S. 17521–17526.

Parr N./Li J./Tickle L. (2016), A cost of living longer: Projections of the effects of prospective mortality improvement on economic support ratios for 14 advanced economies, in: Population Studies 70 (2), S. 181–200.

Smith G.A./Cooperman A./Alper B.A./Mohamed B./Rotolo C./Tevington P./Nortey J./Kallo A./Diamant J./Fahmy D. (2025), Religion, fertility and child-rearing, in: Pew Research Center (online, Zugriff am 24.09.2025 unter https://www.pewresearch.org/religion/2025/02/26/religion-fertility-and-child-rearing).

Pötzsch O. (2025), Der dritte Geburtenrückgang im vereinigten Deutschland – Analysen und Hintergründe, in: Wirtschaft und Statistik 4, S. 17–32.

Rowthorn R. (2008), The fiscal impact of immigration on the advanced economies, in: Oxford Review of Economic Policy 24 (3), S. 560–580.

Schirrmacher F. (2004), Das Methusalem-Komplott, München.

Schmertmann C. (1992), Immigrants' ages and the structure of stationary populations with below-replacement fertility, in: Demography 29 (4), S. 595–612.

Simon J. (1990), Population Matters: People, Resources, Environment, and Immigration, New Brunswick/London.

Statistische Ämter des Bundes und der Länder (2025), Regionaldatenbank Deutschland, in: regionalstatistik.de (online, Zugriff am 25.11.2025 unter https://www.regionalstatistik.de/genesis/online/logon).

Statistisches Bundesamt (2009), Bevölkerung Deutschlands bis 2060. 12. Koordinierte Bevölkerungsvorausberechnung, Wiesbaden.

Statistisches Bundesamt (2013), Bevölkerung und Erwerbstätigkeit. Sterbetafel Deutschland 2009/2011, Wiesbaden.

Statistisches Bundesamt (2015), Bevölkerung Deutschlands bis 2060. 13. Koordinierte Bevölkerungsvorausberechnung, Wiesbaden.

Statistisches Bundesamt (2017a), Bevölkerung und Erwerbstätigkeit. Bevölkerung mit Migrationshintergrund – Ergebnisse des Mikrozensus 2016, Wiesbaden.

Statistisches Bundesamt (2017b), Geburtenziffern (Lebendgeborene je 1000 Frauen), in: Statistisches Bundesamt (online, Zugriff am 30.05.2018 unter https://www-genesis.destatis.de/genesis/online/link/tabelleErgebnis/12612-0008).

Statistisches Bundesamt (2018a), Geburtenanstieg setzte sich 2016 fort, Pressemitteilung Nr. 115 (online, Zugriff am 30.05.2018 unter https://www.destatis.de/DE/PresseService/Presse/Pressemitteilungen/2018/03/PD18_115_122.html).

Statistisches Bundesamt (2018b), Kinderlosenquoten nach beruflicher Stellung nähern sich an, Pressemitteilung Nr. 075 (online, Zugriff am 25.11.2025 unter https://www.destatis.de/DE/PresseService/Presse/Pressemitteilungen/2018/03/PD18_075_126.html).

Statistisches Bundesamt (2024), Statistischer Bericht: Mikrozensus. Bevölkerung nach Einwanderungsgeschichte – Erstergebnisse 2023 (online, Zugriff am 16.09.2025 unter https://destatis.de/DE/Themen/Gesellschaft-Umwelt/Bevoelkerung/Migration-Integration/Publikationen/Downloads-Migration/statistischer-bericht-einwanderungsgeschichte-erst-5122126237005.html).

Statistisches Bundesamt (2025), Wanderungen zwischen Deutschland und dem Ausland von 1950 bis 2024 (online, Zugriff am 25.11.2025 unter https://www.destatis.de/DE/Themen/Gesellschaft-Umwelt/Bevoelkerung/Wanderungen/Tabellen/wanderungen-zwischen-deutschland-und-dem-ausland-jahr-02.html).

Statistisches Reichsamt (1940), Wirtschaft und Statistik, Nr. 23 (1. Dezemberheft), Berlin.

Straubhaar T. (2016), Der Untergang ist abgesagt: Wider die Mythen des demografischen Wandels, Hamburg.

T-Online (2018), Deutsche bekommen wieder mehr Kinder, in: t-online.de (online, Zugriff am 30.05.2018 unter http://www.t-online.de/leben/familie/baby/id_83467278/hoechster-wert-seit-1973-deutsche-bekommen-wieder-mehr-kinder.html).

Teitelbaum M. (2004), The media marketplace for garbled demography, in: Population and Development Review 30 (2), S. 317–327.

Vanella P./Deschermeier P. (2018), A stochastic forecasting model of international migration in Germany, in: Kapella O./Schneider N./Rost H. (Hgg.), Familie – Bildung – Migration: Familienforschung im Spannungsfeld zwischen Wissenschaft, Politik und Praxis. Tagungsband zum 5. Europäischen Fachkongress Familienforschung. Berlin, S. 261–280.

Vereinte Nationen (2024), World Population Prospects 2024, in: un.org (online, Zugriff am 25.11.2025 unter https://population.un.org/wpp).

Victor D./Akimoto K./Kaya Y./Yamaguchi M./Cullenward D./Hepburn C. (2017), Prove Paris was more than paper promises, in: Nature 548, S. 25–27, DOI: 10.1038/548025a.

Weber E./Weigand R. (2016), Identifying macroeconomic effects of refugee migration to Germany, in: IAB-Discussion Paper 20/2016, Institut für Arbeitsmarkt- und Berufsforschung bei der Bundesagentur für Arbeit, Nürnberg.

Weber H. (2015), Could immigration prevent population decline? The demographic prospects of Germany revisited, in: Comparative Population Studies 40 (2), S. 165–190, DOI: 10.12765/CPoS-2015-05.

Weber, H. (2020), How well can the migration component of regional population change be predicted? A machine learning approach applied to German municipalities, in: Comparative Population Studies 45, S. 143–178, DOI: 10.12765/CPoS-2020-08.

Weber H./Sciubba J. (2018), The effect of population growth on the environment: Evidence from European regions, in: European Journal of Population 35 (2), S. 379–402, DOI: 10.1007/s10680-018-9486-0.

Welt (2002), Berlin wird langsam auf die Größe Hamburgs eindunsten, in: welt.de (online, Zugriff am 25.11.2025 unter https://www.welt.de/print-welt/article375937/Berlin-wird-langsam-auf-die-Groesse-Hamburgs-eindunsten.html).

Weltbank (2025), World Bank Open Data, in: worldbank.org (online, Zugriff am 24.11.2025 unter https://data.worldbank.org).

Wilson M./Daly M. (1985), Competitiveness, risk taking, and violence: The young male syndrome, in: Ethology and Sociobiology 6 (1), S. 59–73.

Wu Z./Li N. (2003), Immigration and the dependency ratio of a host population, in: Mathematical Population Studies 10 (1), S. 21–39.

Zeit Online (2018), Viele Beschäftigte in Ministerien nur befristet angestellt, in: zeit.de (online, Zugriff am 24.11.2025 unter http://www.zeit.de/politik/deutschland/2018-02/sachgundlose-befristung-bundesregierung-ministerien-obergrenze-koalitionsvertrag).

Abbildungsnachweis

Index

P

R

S

T

U

V

W

Z